# アダム・スミスを読む、人間を学ぶ。

いまを生き抜くための『道徳情操論』のエッセンス

滝川好夫 著

ミネルヴァ書房

# はしがき

## なぜアダム・スミス『道徳情操論』を取り上げたのか――スミスの人間観

学部時代にはさまざまな経済学の古典書を読んだものであるが、より正確に言うならば、読んだ気になったものであるが、経済学研究者・教育者になってから、つねにひっかかっているのは、それぞれの経済学に出てくる「人間」である。経済学では「合理的人間」と呼ばれる人間が出てくるのであるが、「合理的人間」とはどういう人間であるのかがいつも気になっていた。あるいは、経済学にはロボット人間しかいないのではと思うこともあった。

二〇〇八年九月のリーマン・ショックを受けて、私は『資本主義はどこへ行くのか　新しい経済学の提唱』（ＰＨＰ研究所、二〇〇九年二月）を公刊し、「市場原理主義 vs. 道徳経済」の対立軸から、生きた人間の道徳を重視する「道徳経済」を提唱した。アダム・スミスと言えば、「見えざる手」が有名であり、それは人々が好き勝手にしていても、経済は市場メカニズム（価格メカニズム）によりうまく運営されるというものであるが、「見えざる手」は本当に好き勝手に行動している人間を想定しているのであろうかと疑問を抱いていた。そこで、「経済学の父」と呼ばれているアダム・スミスの人間観を知りたいと思い、読み始めたのが上・下で合計七五二ページあるアダム・スミス『道徳情操論』（米林富男訳、未来社、一九六九年一〇月）である。

### 本書執筆の動機――『道徳情操論』は腑に落ちた人生指針本

『道徳情操論』を一度、二度、三度と繰り返し読んでいると、私の人生を回顧させられ、また日々の生活を反省させられる記述が多々あり、これほど「腑に落ちた」本を読んだのははじめてである。これはもはや経済学の、あるいは経済学に出てくる人間を知ろうとして読む本にとどまらず、「人生哲学」（人と仲良くする極意）の本であると強く確信するようになり、「さすがアダム・スミス」ということで、『道徳情操論』のすばらしさ、しかも人生哲学の書としてのすばらしさを世間の人に知ってもらいたいと思い、本書刊行を企図した。

本書は、偉大なアダム・スミスの、世界的名著『道徳情操論』の内容を、ほぼ同書の目次に沿って（ただし、各見出しには私なりのタイトルを書いている）紹介するものであり、人生哲学・生活指針の本として読むとき「腑に落ちる」ことばかりであると期待している。本書が読者のみなさんの「人生見直し」「生活見直し」に役立つことを願っている。

### 『道徳情操論』を読んで腑に落ちた点――人と仲良くする極意

『道徳情操論』の内容は一言でいえば、「私たちは、他人との関わりの中で、どう生きていけばよいのか」、つまり人と仲良くする極意である。私の実体験から、『道徳情操論』の腑に落ちた点は例えば以下のものである。

1 喜びへの無関心は礼儀知らず、悲しみへの無関心は不人情である。
2 味方への無関心は悪意を抱かないが、敵との親しさは悪意を抱く。
3 他人であればあるほど、他人の存在は心を落ち着かせ、他人との交わりは心を落ち着かせる。
4 肉体的な痛みはすぐさま忘れられるが、言葉の起こした苦悩は長時間持続する不安を起こさせる。
5 怒りの対象者を全員の前で過度に叱責してはいけない。
6 気儘な揚げ足をとるような気性は賎しい気性である。
7 運命の急変による「成り上がり」は他人からの愛を受けることができず、運命の漸進による成功は他人からの愛を受けることができる。
8 他人へ同情しない人は他人から同情されない、他人と交わろうとしない人は他人から交わってもらえない。
9 社会は仁恵がなくても存立するが、正義がなければ崩壊する。
10 著しい怠慢は悪意のある計画にほとんど等しい。
11 仲間が是認する場合には喜びを感じ、否認する場合には心を傷め、非難攻撃する場合には心を悩まし、称賛する場合には得意になる。
12 誠実・正義、人間愛の実行を促進させるために最も適した褒賞は人々から受ける信頼・尊敬・愛情である。
13 「人間愛」は女子の美徳であり、「寛容」は男子の美徳である。
14 高齢者が高齢者の特色を持ち過ぎても、若齢者が若齢者の特色を持ち過ぎても不愉快である。
15 有徳の士だけがお互いの行為に絶対の信頼を感ずることができる。

**『道徳情操論』が主、『国富論』が従**

アダム・スミスの著作は『道徳情操論』と『国富論』の二冊である。私はいままで『国富論』から経済学が始まったものと認識していたが、『道徳情操論』が主で、『国富論』が従であるように思えてきた。というのは、『道徳情操論』は人間の性向を論じ、その性向の延長線上にあるものが「分業」であり、それがアダム・スミスをして道徳哲学者から経済学者へ進ませた理由であるように思えるからである。「交換取引」「分業」「貨幣による交換取引」などの経済メカニズムは社会全般の富裕を意図した人間の知恵の所産ではなく、人間の本性上の性向から必然的に生まれた「神の見えざる手」であり、スミスにとっては『国富論』は『道徳情操論』の必然的帰結なのである。本書『アダム・スミスを読む、人間を学ぶ。――いまを生き抜くための『道徳情操論』のエッセンス』では、経済学に出てくる「人間」がどうであり、さらには我々がどうあらねばならないのかについて、スミスの考えを分かりやすく示すよう努めた。『道徳情操論』のメッセージを実践できれば、すばらしい個人生活、より良い経済社会が実現すると確信している。

# アダム・スミスを読む、人間を学ぶ。
## ——いまを生き抜くための『道徳情操論』のエッセンス

目次

## Ⅵ 悪徳は気まぐれであり、美徳は規律・秩序を維持している……183

# 序　『道徳情操論』への案内

## アダム・スミスとは何者か

アダム・スミス（Adam Smith：一七二三～一七九〇年）は『国富論』（一七七六年）の著者であり、「経済学の父」と呼ばれている。本書で取り上げる『道徳情操論』（『道徳感情論』とも呼ばれる）には第一版（一七五九年）～第六版（一七九〇年）があり、アダム・スミスの肩書は第一版では「グラスゴウ大学道徳哲学（Moral Philosophy）教授」、第六版では「ロンドン・エヂンバラ学士会会員、スコットランド関税委員会委員、元グラスゴウ大学道徳哲学（Moral Philosophy）教授、法学博士（LL.D）」となっている。なお、この第六版が刊行された一七九〇年はスミスの没年でもある。

『道徳情操論』は『国富論』に先立って書かれたのであり、アダム・スミスは「経済学の父」になる前は「道徳哲学」つまり「倫理学」の教授であったのである。

## アダム・スミスの『道徳情操論』――第一版～第六版

『国富論』（一七七六年）の原著の正式名は *An Inquiry into the Nature and Causes of the Wealth of*

*Nations* で、『諸国民の富の性質と諸原因についての一研究』あるいは『諸国民の富の本質と原因に関する研究』と訳されている。アダム・スミスの本の題名はきわめて長く、本書で取り上げる『道徳情操論』の原著の正式名は第一版（一七五九年）では *The Theory of Moral Sentiments* であるが、第六版（一七九〇年）では *The Theory of Moral Sentiments; or, An Essay towards an Analysis of the principles by which Men naturally judge concerning the Conduct and Character, first of their Neighbours, and afterwards of themselves. To which is added a Dissertation on the Origin of Languages* である。これは訳者米林富男氏によって「道徳情操論、あるいは、人々がまずもってその隣人の行為と性格に関して、ついで自分自身の行為と性格に関して自然に判断を下す場合における諸原理の分析を目的とする一試論、言語起源論をこれに付す」と訳されている。

なんと長い題名（副題）であろうか。『道徳情操論』第一～五版は一冊で完結していたが、第六版は二分冊（第一巻は第一～四部、第二巻は第五～七部）になった。また、スミスは修辞学・純文学の講義を行っていたこともあって、第三版以降は「附録　言語起源論」が合版され、内容が混沌としている。

## 『道徳情操論』の特徴

第六版の副題にあるように、『道徳情操論』は我々が自他の行為と性格をいかに道徳的に判断するかの原理について論じた本である。

本書執筆にあたって底本とした『道徳情操論』（米林富男訳、未来社、一九六九年）は上巻が第一～三部、下巻が第四～七部と附録からなり、各部はいくつかの篇、各篇はいくつかの章から構成されている。この本はページ番号が上下巻で通し番号となっており（全七五二ページ）、引用する際には該当するページ番号を表示した。訳語は基本的に底本に倣ったが、一部筆者の判断で改めた箇所がある。

『道徳情操論』の特徴は以下のものである。

(1)　本の体裁から言えば、各部の中の篇の数、各篇の中の章の数はバランスしているのが望ましいが、『道徳情操論』はまったくの不均衡で、体裁がきわめて悪い本である。

(2)　各部、各篇、各章それぞれの標題と内容が必ずしも一致しておらず、「何を言っているのか」「何を言おうとしているのか」を理解するのがきわめて難しい本である。それ故、本書では、原書の標題に、本書内容を的確に表すタイトルを私なりに加筆している。

(3)　原書の内容は、部の題名で言えば、「第一部　行為の道徳的適正について」「第二部　功績と罪過とについて、あるいは褒賞と処罰との対象について」「第三部　自分自身の情操と行為に関するわれわれの判断の基礎について、ならびに義務の感覚について」「第四部　是認の情操に及ぼす効用性の影響について」「第五部　是認ならびに否認の情操に及ぼす慣習と流行の影響について」「第六部　有徳の性格について」「第七部　道徳哲学の諸学説について」であるが、内容は一言でいえば、「私たちは、他人との関わりの中で、どう生きていけばよいのか」、つまり、人と仲良くする極意である。

## 本書の特長

右に述べたとおり、『道徳情操論』は「何を言っているのか」「何を言おうとしているのか」を理解するのが難しい本である。そこで本書では、『道徳情操論』の目次どおりに全体を構成しつつ、各パートに私が新しい見出しをつけることによって、「アダム・スミスは何を言うべきであったのか」を述べることにする（ただし、「第七部　道徳哲学の諸学説について」「附録　言語起源論」は割愛）。

読者には、この見出しを手掛かりとして、アダム・スミスが「経済学の父」になる前に書いた世界的名著『道徳情操論』を読んでいただきたいと思う。

# I

# 同情は喜びを増大し、悲しみを減少する

第一部「行為の道徳的適正について」

第一部「行為の道徳的適正について」は三つの篇からなっている。アダム・スミス『道徳情操論』の核は他人へのかかわりの中の「同情」であり、同書は「第一篇　道徳的適正感について」「第一章　同情について」から始まっている。スミスによれば、「同情」は人間の本性（本源的情感）の一つとされ、他人の悲喜を想像することではなく、他人の悲喜をもたらす出来事の自己体験を想像することである。第二章「互いに同情し合うことによって生ずる快感について」では、同情は、同情される人の喜びを増大し、悲しみを減少すると論じている。第三、四章は「道徳的適正」を論じ、他人の性向が自身の性向に一致していれば道徳的適正、一致していなければ道徳的不適正と判断している。スミスによれば、情操は行為の発動原因であり、行為の美徳・悪徳の基礎であるとされる。第五章「愛すべき美徳ならびに尊敬すべき美徳について」は、我々は他人の情操に入り込む努力によって「愛すべき美徳」を得ることができ、他人が我々の調子に合わせてついてゆける程度にまで、我々の情緒を引き下げる努力によって「尊敬すべき美徳」を得ることができると論じている。

「第二篇　道徳的適正に矛盾しない諸種の情感の程度について」の核となるメッセージは、我々の情感は他人が同調してくれる傾向が多ければ礼儀に適っている、少なければ失礼であるというものである。第一章と第二章は「身体に起源を持つ情感 vs. 想像力に起源を持つ情感」を取り上げ、想像力に起源を持つ情感は身体に起源を持つ情感よりも同情を呼び起こしやすいと論じている。第三章と第四章は「非社会的情操（憎悪、憤怒など）vs. 社会的情操（愛、友情、尊敬など）」を取り上げ、憎悪・憤怒などの情感が、被害者の顔付きまたは行動に現れたとき、被害者を見ている他人の同情は、加害者と被害者の間に分割され（「同情分割」）、愛・友情・尊敬などの情感が、その情感を感じる当事者の顔付きまたは行動に現れたとき、当事者を見ている他人にとって、情感を起こさせた人に対する同情と、その情感を感じる当事者に対する同情は同じである（「同情重複」）と論じている。第五章「利己的情感について」は非社会的情操と社会的情操の中間に位置するものとして「第三の種類の情感」（不運による悲哀、幸運による歓喜）を取り上げ、悲哀は大きければ、歓喜は小さければ、最も同情されやすいと論じている。

「第三篇　行為の道徳的適正に関する人々の判断に及ぼす繁栄と逆境との影響について、一方の状態にあるときのほうが、他の状態にあるときよりも、人々の是認をえやすいのは何故か、ということについて」の第一章は「悲しみに対する同情 vs. 喜びに対する同情」を取り上げ、悲しみに対する同情は強力・苦痛であり、喜びに対する同情は薄弱・愉快であると論じている。第二章「野心の起源ならびに身分の区別について」は「高貴な人 vs. 一般人」を取り上げ、関心を掻き立てるのは虚栄であって、安楽・快楽ではないと指摘し、野心が騒乱・不正の原因であると論じている。第三章は「富者・偉人 vs. 貧困者・下賤者」を取り上げ、単なる「富者・権力者の尊敬・賛美、貧困者・下賤者の軽蔑・無視」は道徳情操を頽廃させると論じている。

# 他人には苦痛を見せずに、愉快を見せよう

第一篇第一章「同情について」

## 他人の歓喜を見ると愉快、他人の苦痛を見ると不愉快——同情

我々は利己的ではあるが、「徳の高い人間 vs. 徳の低い人間」のいかんにかかわりなく、他人の状況に気を配って、他人が嬉しくしているのを直接見たり、あるいは他人が嬉しくしている話を聞かされたりすると嬉しくなったり、逆に、他人が悲しくしているのを直接見たり、あるいは他人が悲しくしている話を聞かされたりすると悲しくなるといった「同類感情」、すなわち同情を本性（本源的情感）の一つとして有している。

「同情」は、他人の悲しみ・喜びを想像することではなく、他人の悲喜をもたらす出来事の自己体験を想像することによって、他人と同じ情緒を掻き立てることである。つまり、同情は、他人の悲しみ・喜びといった情感を見たために起こるというよりも、他人の悲喜をもたらす出来事（情感を刺激した原因）を知ったために生まれるものである。

## 他人の怒りを見ると嫌悪の情

微笑する顔付きを見ると、憂鬱な人でさえ晴れやかな快活な気分になり、その微笑の表現する喜びに同情し、その喜びを共にしたい気持ちになる。逆に、怒り狂う人のしわがれた、騒々しい、耳障りな声は、我々に恐怖の念を与え、さもなければ嫌悪の情を起こさせる。

他人の怒りについては、怒りの原因がはっきりと分かるまでは、怒りに対して何らの同情を有することもない。むしろ、ある出来事で怒っている人に対して、嫌悪の情を感じるのが自然である。

## 無作法を破廉恥と思わないことは「理性の喪失」

他人は自らの無作法を破廉恥とは思っていないかも知れないが、我々は、他人の無作法を見て、それを自らが行っていると想像すると、その行為を破廉恥であると思うであろう。他人が自らの無作法を破廉恥と思わないことは「理性の喪失」であるかも知れず、理性の喪失は最も恐ろしい災厄の一つである。

## 憐れむべき人々のみじめさを見ると――鋭敏な神経 vs. 鈍感な神経

「鋭敏な神経の人」は、憐れむべき人々のみじめさの自己体験を想像することができるので、憐れむべき人々と同じ情緒を掻き立てるが、「鈍感な神経の人」は、憐れむべき人々のみじめさの自己体験を想像できないので、憐れむべき人々と同じ情緒を掻き立てることができない。

### ポイント

1　他人には苦痛を見せずに、愉快を見せよう。
2　「同情」は他人の悲喜を想像することではなく、他人の悲喜をもたらす出来事の自己体験を想像することである。
3　他人の悲喜の原因を正しく認識するまでは、「同情」はきわめて不完全である。
4　他人の怒りについては、怒りの原因がはっきりとわかるまでは、怒りに対して何らの同情を有してはいけない。
5　無作法を破廉恥と思わないのは理性の喪失である。

# 喜びは同情を必要としないが、悲しみは同情を必要とする

第一篇第二章「互いに同情し合うことによって生ずる快感について」

## 「同情できる」は愉快、「同情できない」は不愉快

我々には、他人の喜びを祝福しようとする傾向、他人の悲しみを慰めようとする傾向がある。我々が、他人に対して、「同情できる」と感じることは愉快であり、「同情できない」と感じることは不愉快である。

## 「同情されている」は愉快、「同情されていない」は不愉快

スミスは「他人がわれわれの胸中に燃え立つあらゆる情緒に対して同類感情を示すのを見ることほど愉快なものはなく、これに反して、他人が冷やかに何らの感情をも示さないのを見ることほど不愉快なものはない。」(訳書五一頁) と述べている。つまり、我々にとって、他人から「同情されている」

と感じることは愉快であり、「同情されていない」と感じることは不愉快である。

## 同情は喜びを増大させ、悲しみを減少させる

我々が他人に同情することは他人の喜びを増大させ、他人の悲しみを減少させる。我々が他人からの同情を受けることは我々の喜びを増大させ、我々の悲しみを減少させる。

## 愉快な情感への同情 vs. 不愉快な情感への同情

スミスは「愛情や喜びのような気持ちのいい情緒は、何らこれを補助する快感がなくとも、充分われわれの心を満足させ、これをささえてゆくことができる。苦痛とか報復感とかいうような苦しいそして痛ましい情緒は、同情の慰めによってこれを癒す必要の程度がはるかに強い。」（訳書五五頁）と述べている。つまり、第一に我々は、他人に対して、愉快な情感へ同情してもらうことよりも不愉快な情感へ同情してもらうことを欲している、第二に我々の満足度は、他人が、我々の愉快な情感へ同情してくれたときよりも我々の不愉快な情感へ同情してくれたときのほうが高い、第三に我々は、不愉快な情感の原因を訴えることのできる他人を見つけた場合、その人に悲しみの一部を負担してもらうことにより、我々の苦しみを軽減できる、第四に我々は、他人が、我々の不愉快な情感へ同情して

くれないときは非常に腹立たしい。

## 愉快な情感への無関心は礼儀知らず vs. 不愉快な情感への無関心は不人情

我々が、他人の愉快な情感に対して無関心であったとき、その他人は我々をたんに礼儀を知らないくらいに考えるであろうが、我々が、他人の不愉快な情感に対して無関心であったとき、その他人は我々を真に言語道断な不人情であると考える。

## 愉快な情感への同情の強さ vs. 不愉快な情感への同情の強さ

第一に我々は、他人に対して、愛情・恩恵へ入り込んでもらうことよりも報復感・危害へ入り込んでもらうことを欲している、第二に我々の同情の強さは、他人が愛情へ入り込んでくれたときよりも報復感へ入り込んでくれたときのほうが大きい、第三に我々の同情の強さは、他人が我々の受け取った恩恵に感動してもらったときよりは、我々に加えられた危害に関心をもってもらったときのほうが大きい。

## 過度の喜びは「軽薄」「愚劣」vs. 過度の悲しみは「臆病」「軟弱」

スミスは「あまりにも幸福すぎる人間を見たり、あるいはちょっとした幸運にめぐまれていわゆるあまりにも慢心しすぎた人間を見たりすると、われわれは不気嫌になるものである。」（訳書五六頁）と述べ、同調できないような喜び方をしている人を見たとき、我々はその人を「軽薄」「愚劣」と感じるのだという。また、「もし誰かが自分の不幸を声高らかに訴えるのをわれわれが聞いても、その事情がわれわれによくわかって見ると、それほど強烈な印象をわれわれに与えないように感じられる場合には、われわれはその人の哀愁に対してむしろ憤激を感じ」（訳書五五〜五六頁）ると述べ、悲しんでいる人を見て、その悲しみ方が過度であるように思われるとき、その人を「臆病」「軟弱」と呼ぶのだという。

## 他人が「我々の味方に無関心 vs. 我々の敵と親しい」

味方は愉快な存在であり、敵は不愉快な存在である。我々は、他人が我々の味方に無関心であるとき、その他人に対して悪意を抱かないが、他人が我々の敵と親しいとき、その他人に対して悪意を抱く。

## ポイント

1　同情は同情される人の喜びを増大し、悲しみを減少する。
2　喜びは同情を必要としないが、悲しみは同情を必要とする。
3　悲しみの吐露は苦痛であるが、同情はそれを上回る快感をもたらす。
4　喜びへの無関心は礼儀知らず、悲しみへの無関心は不人情である。
5　味方への無関心は悪意を抱かないが、敵との親しさは悪意を抱く。
6　「同情できる」は喜び、「同情できない」は苦しみである。
7　「喜びすぎ」は「軽薄」「愚劣」、「悲しみすぎ」は「臆病」「軟弱」である。

# 我々のもつ能力は、我々が他人の能力を判断する尺度

第一篇第三章「他人の性向がわれわれ自身の性向に一致するか、あるいは一致しないかによってその人間の性向が道徳的に適正であるか、あるいは適正でないかを判断する方法について」

## 我々の情感と他人の同情的情緒の「一致 vs. 不一致」

我々の情感が他人の同情的情緒と一致する場合、第一に我々の情感は他人にとって正当であり、道徳的に適正である、第二に我々の情感は情感を起こさせた原因・動機に適合している。

我々の情感が他人の同情的情緒と一致しない場合、第一に我々の情感は他人にとって不正であり、道徳的に不適正である、第二に我々の情感は情感を起こさせた原因・動機に適合していない。

## 他人の情感が原因に適合していると我々が「認める vs. 認めない」

他人の情感が情感を起こさせた原因・動機に適合していると認めることは、我々の情感が他人の情感に一致すること、つまり我々が他人の情感に同情することと同じである。

他人の情感が情感を起こさせた原因・動機に適合していると認めないことは、我々の情感が他人の情感に一致していないこと、つまり我々が他人の情感に同情していないことと同じである。

## 他人の意見を「是認・採用 vs. 否認・不採用」

他人の意見を是認することはその人の意見を採用することであり、他人の意見を採用することはその人の意見を是認することである。逆に、他人の意見を否認することは、その人の意見を採用しないことであり、他人の意見を採用しないことはその人の意見を否認することである。

## 他人の悲喜を「仮定的同情の意識」にもとづいて是認

同情は、他人の悲喜をもたらす出来事の自己体験を想像することによって、他人と同じ情緒を掻き立てることである。しかし、他人が直面している種々の悲喜の事情を、我々の想像の中で、自己体験する時間の余裕がないことがある。そのとき、我々は、経験上、ある幸福がどの程度の喜びを起こさせるのか、ある不幸がどの程度の悲しみを起こさせるのかを心得ているので、そういった「仮定的同情の意識」にもとづいて、他人の悲喜を是認することができる。

## 情操を刺激する原因 vs. 情操が産み出す結果

（1） 情操を刺激する原因あるいは情操を起こさせた動機

情操が、情操を刺激する原因あるいは情操を起こさせた動機に対して適合しているか、あるいは適合していないかのうちに、その結果起こる行為の道徳的適正または不適正が存する。

（2） 情操の目指す目的あるいは情操が産み出す結果

情操の目指す目的あるいは情操が産み出す結果が、有益な性質をもつか、あるいは有害な性質をもつかのうちに、行為の功績または罪過が横たわっている。

## 我々の能力は他人の能力を判断する尺度

スミスは「諸君の理性を私の理性によって、諸君の報復感を私の報復感によって、また諸君の愛情を私の愛情によって判断する。それ以外に諸君のそのような能力に関して判断するいかなる方法も、私はもっていないし、またもつことはできないのである。」（訳書六二頁）と述べている。つまり、ある人のもつ能力が、その人が他人における同様の能力を判断する場合の尺度である。

ポイント

1　我々は「仮定的同情の意識」にもとづいて、他人の悲喜を是認することができる。
2　情操は行為の発動原因であり、また行為の美徳・悪徳の基礎である。
3　我々のもつ能力は、我々が他人の能力を判断する尺度である。

# 他人であればあるほど、他人との交わりは心を落ち着かせる

第一篇第四章「同じ問題の続き」

## 「情操を起こさせた原因」と「我々 vs. 他人」の関係

「情操を起こさせた原因」が「我々 vs. 他人」のいずれにとっても何ら特別の関係をもっていない場合、我々と他人の間の情操の完全な調和をもたらすために、何らお互いに同情する必要はない。「情

操を起こさせた原因」が「我々 vs. 他人」のどちらかにとって特別の関係をもっている場合、我々と他人の間の情操の完全な調和・一致の維持は困難である。

## 「我々 vs. 他人」の情操の協和

我々の情操と他人の情操を「協和」（相互調和）させることが肝要である。我々の情操と他人の情操を協和させるためには、第一に我々は、できる限り他人の立場に立って、他人の諸事情を詳細に知り尽くすように努力し、他人が感じるのと類似した情緒を理解しなければならない、同様に、第二に他人は、できる限り我々の立場に立って、我々の諸事情を詳細に知り尽くすように努力し、我々が感じるのと類似した情緒を理解しなければならない。

## 「原本的な情感」vs.「反射されたる情感」

我々は、悲喜をもたらす出来事を自己体験することによって「原本的な（生まれつきもっている）情感」を掻き立てる。また、我々は、他人が目前に現れ、他人の注視の下に、悲喜をもたらす出来事を自己体験するとき、我々自身を他人の眼をもって眺めることによって「反射されたる情感」を有することができる。「反射されたる情感」は「原本的な情感」よりはるかに弱い。

## 同情の基礎である想像上の自己体験は一瞬間、かつ微弱である

スミスは「人類は、その本来の性質は同情的ではあるけれども、他人の身の上に起こった事柄に関しては、当然主たる当事者を興奮させるのと同じ程度の情感を感ずるということは決してありえない。かれらの同情の基礎となるべき想像による立場の交換は、単に一瞬間の出来事にすぎない。」（訳書六七頁）と述べている。つまり、我々は、他人の悲喜をもたらす出来事の自己体験を想像することによって、喜んだり、悲しんだりするが、我々の想像上の悲喜は一瞬間にすぎず、その強さも当事者と同程度ではありえない。

## 同情を得るには情操・性向の程度を弱める

スミスは「主たる当事者はこのことに対しては敏感で、それと同時にもっと完全なる同情を寄せられることを猛烈に希望する。かれの渇望する救済は、見物人の性向がかれ自身の性向に完全に合致することによる以外には、到底これをかれに与えることはできない。（中略）しかるに、かれはその情感の強さを見物人がかれと調子を合わせてゆける程度にまで弱めなければ、かような慰めを得ようと希望してもそれは不可能である。」（訳書六七〜六八頁）と述べている。つまり、我々（見物人）の同情の程度は他人（当事者）にとっては足りないのであるが、両者の情操を完全に一致させるためには、

当事者が自らの情操・性向の程度を弱めなければならない。

## 他人との交わりは心を落ち着かせる——友人、知人、まったく見ず知らずの人々

スミスは「社交と会話は、人の心が何かの機会に不幸にしてその平静を失った場合に、かような人の心に平静を取り戻す最も強力なる救済手段であり、同時にまたそれは、自己満足ならびに享楽のために必要欠くべからずところの、同調子でしかも幸福な気質を維持する最良の予防法でもある。」(訳書七〇頁)と述べている。他人との交わりは心を落ち着かせ、さらに他人であればあるほど、心を落ち着かせる。というのも、右に見たとおり他人と情操を一致させるには自らの興奮を抑える必要があり、それは対面する他人が疎遠であれば一層求められるからである。つまり、我々の前に現れる人が「友人」より「知人」、「知人」より「まったく見ず知らずの人々」の方が我々は心の平静を保つことができる。

## 学問・芸術における偉大な指導者

学問・芸術における偉大な指導者は、第一にその人の才能が広い範囲にわたって図抜けて優れていること、第二に我々の感嘆(関心と驚嘆によって強化された是認)の情を刺激し、称賛に価する人、第三

に我々自身の情操を指導し、指揮する人である。

指導者が我々の見落とした多くの事柄に注意し、「情操を起こさせた原因」となった種々の事情のすべてに対して情操を適合させるように見える場合には、我々は指導者の情操を是認するばかりでなく、感心し、かつ感嘆する。

**ポイント**

1　我々は他人の立場になって、他人の事情を詳細に知り尽くすように努力しなければならない。
2　他人の情操と我々の情操が完全に一致するためには、我々の情操の程度を弱めなければならない。
3　我々の情操と他人の情操は同調できなくても、協和させることができる。
4　他人であればあるほど、他人の存在は心を落ち着かせ、他人との交わりは心を落ち着かせる。

# 他人を愛する以上に自らを愛してはならない

第一篇第五章「愛すべき美徳ならびに尊敬すべき美徳について」

## 情操の協和のための二つの努力と二種類の美徳

我々の情操と他人の情操を協和させるためには、「我々が他人の情操に移入しようとする努力」と「他人が、我々が調子を合わせてついてゆける程度にまで、自らの情緒を引き下げようとする努力」の二つの努力が必要である。そして、これら二つの異なる努力をそれぞれの根拠として、「愛すべき美徳」「尊敬すべき美徳」といった二種類の美徳が成立する。

## 二種類の美徳——愛すべき美徳 vs. 尊敬すべき美徳

スミスは「普通の程度の道徳的特性には何らの美徳も存在しない。美徳とは世間的な一般的な水準をはるかに超えた、非常に優れたものであり、稀に見る偉大な、そして美しいものである。」（訳書七四頁）と述べている。つまり、「単なる道徳的適正」と「美徳」の間には相当の差異が存在する。「単なる道徳的適正」はたんに是認されるだけの価値しかない性質・行為であるが、「美徳」は称讃され、祝福されるだけの価値のある性質・行為である。そしてその美徳は、右に見たとおり次の二つに分けられる。

（1）愛すべき美徳

「我々が他人の情操に移入しようとする努力」を根拠として、「すなおな、やさしい、愛すべき美徳、腹蔵のない謙譲の美徳、ならびに寛大な人間愛の美徳」（訳書七一頁）が成立する。「愛すべき美徳」は、その繊細な、予想外の優美さとしなやかさをもつために、驚かすくらいの感覚力の中に潜んでいる。

（2）尊敬すべき美徳

「他人が、我々が調子を合わせてついてゆける程度にまで、自らの情緒を引き下げようとする努力」を根拠として、「偉大な、畏敬すべくかつ尊敬すべき美徳、自己否定の美徳、自己統制の美徳、われわれの生れつきの性質のあらゆる動きを、われわれ自身の尊厳と名誉ならびにわれわれ自身の行為の適正などが要求する点に従わせるところの、かの情感の支配という美徳」（訳書七一頁）が成立する。つまり、他人が、我々が調子を合わせてついてゆける程度にまで、自らの情緒を引き下げようと努力すると、尊敬される。「尊敬すべき美徳」は、人間の本性における最も統御しにくい情感を易々と支配する驚くべき卓越性の表れであり、我々が目を瞠るくらいの自制力の賜物なのである。

## 完全なる人生を成就するための自然の戒律

スミスは「他人のためには大いに感情を動かし、自分のためにはほとんど感情を動かさないということ、われわれの我儘を抑制して、われわれの仁愛に満ちた性向を自由に発動させるということが、完全なる人生を成就するに至るのである。また、かような事実によってのみ、人類の間に情操と情感の調和をもたらすことができ、人類の気高さ、礼儀正しさはすべてかような調和の中に存するのである。」（訳書七三頁）と述べている。つまり、完全なる人生を成就するための自然の戒律は、「われわれが隣人を愛する以上に自分自身を愛してはならない」「隣人がわれわれを愛しうるとわかる程度以上に自分自身を愛してはならない」の二つである。

## 非難・称賛の程度の決定――到達困難な絶対完全の規準 vs. 到達可能な完全の規準

非難・称賛の程度の決定規準として、以下の二つのものがある。

(1)「いまだかつて近づくこともできなかった完全の観念ならびに完成の観念」（訳書七五頁）
(2)「大部分の人間の行為が普通それに到達することのできる程度の完全性の観念」（訳書七五頁）

(1)は到達困難な絶対完全の規準であり、(2)は到達可能な完全の規準である。これらの規準を満たさない行為は非難の対象となる。

**ポイント**

1　我々は他人の情操に移入する努力によって「愛すべき美徳」を得ることができ、他人が我々の調子に合わせてついてゆける程度にまで、我々の情緒を引き下げる努力によって「尊敬すべき美徳」を得ることができる。

2　我々は他人を愛する以上に自らを愛してはならない。他人が我々を愛しうるとわかる程度以上に我々を愛してはならない。

# 情感の調子が中庸であると同情してくれる

## 情感の調子の適正度——過大（軟弱・狂気）vs. 過小（愚鈍・無感覚・元気なし）

スミスは、我々の「情感の調子」が過大である状態を「軟弱」「狂気」、過小である状態を「愚鈍」「無感覚」「元気なし」とそれぞれ呼んでいる。

我々の「情感の調子」があまりに高すぎたり、低すぎたりすると、他人は同情してくれない。我々の情感の調子が中庸であると、他人は同情してくれる。

## 情感の「礼儀に適っている vs. 失礼である」

我々の情感に他人が同調してくれる傾向が多ければ、我々の情感は「礼儀に適っている」、逆に他人が同調してくれる傾向が少なければ、我々の情感は「失礼である」とそれぞれ判断できる。

**ポイント**

1　我々の情感の調子が中庸であると、他人は同情してくれる。
2　我々の情感は他人が同調してくれる傾向が多ければ礼儀に適っている、少なければ失礼である。

# 肉体的痛みはすぐ忘れられるが、言葉の起こした苦悩は持続する

第一篇第二章「身体に起源をもつ情感について」

## 身体に起源をもつ情感（空腹、性など）

身体に起源をもつ情感（身体から起こる欲望：空腹、性など）には以下の性質がある。第一に野獣と共通に有する情感であり、尊厳に価いしないものである、第二に情感の調子をあまりに強く表現するこ

とは無作法であり、不愉快である、第三に何らの同情をも刺激しないか、あるいはかりに刺激したとしても、当事者の感じる猛烈な情感とは到底比較にならない、第四に同情されにくいので、他人に嫌悪の情を与える、第五に情感をコントロールすることのうちに「節制の美徳」が存立する。

## 身体に起源をもつ情感 vs. 心に起源をもつ情感

スミスは「肉体的な痛みほど忘れられるものはない。痛みの去った瞬間には、かれのすべての苦悩は消え失せる。そして、その痛みのことを考えてももはやわれわれは何らの動揺も感じないであろう。かくてわれわれ自身以前に感じた心配や苦悩を追感することはできない。友達が何気なく発した言葉の方が、はるかに長時間持続する不安を起こさせるであろう。かような言葉の起こした苦悩は、決して言葉と共に消えないであろう。」(訳書八三頁)と述べている。つまり、「身体に起源をもつ情感 vs. 心に起源をもつ情感」について言えば、身体に起源をもつ情感は忘れられやすいが、心に起源をもつ情感は忘れられにくい。身体に起源をもつ痛みは去った瞬間には、すべての苦悩は消える。しかし、心に起源をもつ痛みははるかに長時間持続し、消えにくい。

## 身体に起源をもつ情感を忍耐強くこらえることは道徳的に適正

肉体的苦痛を毅然として忍耐強くこらえることは道徳的に適正であるとみなされているので、身体に起源をもつ情感に対してはほとんど同情を得られない。

ポイント

1　身体に起源をもつ情感を支配することのうちに「節制の美徳」が存立する。
2　想像力に起源をもつ情感は身体に発生原因をもつ情感よりも同情を呼び起こしやすい。
3　肉体的な痛みはすぐさま忘れられるが、言葉の起こした苦悩は長時間持続する不安を起こさせる。
4　病気は、生命の危険を伴わなければ、同情を呼び起こさない。
5　肉体的苦痛を毅然として忍耐強くこらえることは道徳的に適正である。

## 自分自身について話すときは自制が必要である

第二篇第二章「想像力の特殊の方向または習慣に起源をもつ情感について」

### 身体に起源をもつ情感（空腹、性など）vs. 想像力に起源をもつ情感（失恋、野心の挫折など）

スミスは「われわれがはるかに強くその人に同情するゆえんは、われわれの身体をその人の身体の通りに形造ることは非常に難しいが、われわれの想像をその人の想像の通りに形造ることは、はるかに容易であるからである。」（訳書八二頁）と述べている。つまり、想像力に起源をもつ情感（失恋、野心の挫折など）は身体に起源をもつ情感（空腹、性など）よりもはるかに容易に同情を呼び起こすことができる。

### 肉体的痛み——生命の危険のない激しい痛み vs. 生命の危険のある激しくない痛み

生命の危険のない激しい痛み、つまり非常な肉体的苦痛があるにもかかわらず、生命の危険のない病気（歯痛など）はほとんど同情を起こさない。しかし、生命の危険のある激しくない痛み、つまり苦痛はほとんどないが、生命の危険のある病気は同情を刺激する。

生命の危険は「恐怖」であり、恐怖は「想像力に起源をもつ情感」である。我々は、当事者の苦痛に同情するのではなく、当事者の恐怖（生命の危険）に同情し、それと共に我々の将来不安を一層増大させる。

## 想像力に起源をもつ情感 vs. 想像力の特殊の方向・習慣に起源をもつ情感

原著第二篇第二章の表題となっている「想像力の特殊の方向または習慣に起源をもつ情感」とは、たとえば長い間お互いに相手のことを思い詰めていた男女の間に自然に発生する強い愛着のことである。

想像力に起源をもつ情感（失恋など）は同情を呼び起こすが、我々は恋愛する人の情緒に移入することはできないので、想像力の特殊の方向・習慣に起源をもつ情感（恋愛）は同情を呼び起こさない。

## 「我々の関心 vs. 他人の関心」と自制

我々が自身の友達、研究、職業について話すとき、ある程度の自制が必要である。というのは、これらの事柄は我々が興味をもつのと同じ程度において他人が興味をもってくれるべきものと期待することができないからである。

**ポイント**
1 男女の間に自然に発生する強い愛着には同情できない。
2 我々は自分自身について話すとき、ある程度の自制が必要である。

# 一緒に生活している人の不実・忘恩は精神へダメージを与える

第二篇第三章「非社会的情操について」

## 憎悪・報復感の正当化

スミスは、非社会的情操（社交を阻害するような情操）の一つとして「憎悪」を取り上げている。被害者は憎悪を感じる人であり、加害者は憎悪の対象になる人である。被害者は報復感を感じる人であり、加害者は報復感の対象になる人である。

スミスは、我々が「憎悪」「報復感」を正当化させる理由として、「われわれはあの不愉快な情感の烈しさを自ら感ずるために報復感を感ずるというよりも、むしろ報復感を感ずることが道徳的に適正であると自覚する」（訳書一〇一頁）ことであると述べている。つまり、我々が「憎悪」「報復感」を正当化しうるのは、他人が我々に対して報復を期待し、要求していると自覚しているためである。他人をして我々に対して報復を期待してもらうためには、我々の憎悪・報復感の調子をあらかじめ常に引き下げ、もっと謙譲にしておかねばならない。

## 我々は被害者のみならず加害者に対しても同情する

我々の同情は、被害者と加害者の双方に向けられる。被害者に対する我々の同情は、第一に被害者の原本的（直接的）情感（憎悪・報復感）よりも弱い、第二に加害者に対して同情を感じることから、被害者の憎悪・報復感に絶対に及ばない。

## 二タイプの報復しない被害者に対する同情

（1）　愛すべき性質をもっている被害者に対する同情

スミスは「受難者の忍耐、その温厚さ、その人間味が豊かであればあるほど、もしかれが勇気を欠いているとも思われず、あるいは恐ろしさがもとでかれが我慢をしているとも思われないとすれば、その人に危害を加えた人物に対する報復感はいよいよますます高潮する。」（訳書九五頁）と述べている。つまり、愛すべき性質をもっている被害者が報復しないとき、我々の被害者に対する同情と加害者に対する報復感は高まる。

（2）　腑甲斐なく侮辱を甘受している被害者に対する同情

スミスは「腑甲斐なくもじっと坐って侮辱を甘受し、何らそれに反撥したり、復讐したりしないような人間を、われわれは軽蔑するであろう。われわれはその人間の無関心ないし無感覚に移入することはできない。すなわち、われわれはその人の行動を卑屈と称し、その相手方の無礼に対して憤慨すると同様に、このような卑屈な行動に対して実際に憤慨せざるをえない。」（訳書九五～九六頁）と述べている。つまり、腑甲斐なく侮辱を甘受している被害者が不法行為に対してまったく報復しようとしないとき、我々は加害者に対して憤慨するのみならず、被害者の卑屈さに対して軽蔑する。

## 烏合の群衆は被害者へ報復を呼びかける

侮辱されたり、不法な待遇を受けたりしても、なおじっと我慢強くこれに堪え忍んでいる被害者がいると、「愛すべき性質をもっている被害者」「腑甲斐なく侮辱を甘受している被害者」のいかんにかかわりなく、烏合の群衆は、第一に加害者の高慢無礼が報復されるのを見たがる、第二に加害者の高慢無礼がとくに被害者によって報復されるのを見たがる、第三に被害者の卑屈さに憤激を感じるあまり被害者に対して復讐するように呼びかける。

被害者への烏合の群衆からの報復の呼びかけの中にはつねに何かしら不愉快なものが含まれているので、我々はこのような報復の呼びかけには反感を抱かざるをえない。

## 全員の前での過度の叱責――特定の人への侮辱と全員への失礼

スミスは「目前の出席者の中の誰かに対して怒りを現わす場合に、もしその怒りが、その人の不都合な処置をわれわれが感づいているということを単に知らせる程度を越すならば、それはその特定の人に対して侮辱であるばかりでなく、出席者全体に対してもまた失礼である」（訳書九六頁）と述べている。つまり、怒りの対象者を全員の前で過度に叱責することは、怒りの対象者に対する侮辱であるのみならず、その場に居あわせた全員に対する礼を失することになる。

## 愉快・不愉快は即時の効果であって、後々の効果ではない

事柄が有用であるか、有用でないかは「後々の効果」によるものであり、後になってみないとわからない。一方、事柄が愉快であるか、不愉快であるかは「直接（即時）の効果」によるものであり、その瞬間に判明する。我々の想像力は後者にとどまりがちで、前者にはなかなか及ばない。

## 怒りと怨恨を高尚にできる動機

「怒り」「怨恨」といった二つの情感は不愉快に見え、荒々しく見えるので、我々の同情心を刺激せず、むしろ嫌悪の対象になりうる。

怒り・怨恨といった不愉快な情感の表現を高尚にすることのできる唯一の動機は大度（度量が大きいこと）もしくは我々が社会において自らの地位・尊厳を維持しようとする配慮である。

## 不実・忘恩による「金銭上の損失 vs. 精神へのダメージ」

スミスは「寛大な人情味の豊かな人がくやしがるのは、かれらが自分達といっしょに生活している人の不実・忘恩によって失うところのものの価値ではない。（中略）かれらの心を掻き乱すものは、

かれらに向って不実と忘恩が加えられたという観念である。」（訳書一〇一頁）と述べている。つまり、寛大な人情味の豊かな人にとっての危害は、一緒に生活している人の不実（誠実でないこと）・忘恩によって生じる金銭上の損失ではなく、一緒に生活している人の不実・忘恩による精神へのダメージである。

## 揚げ足をとる気性は賤しい

瑣細な喧嘩の種に火をつけるような、気儘な揚げ足をとるような気性は賤しい。

**ポイント**

1　我々は被害者のみならず、加害者にも同情する。
2　被害者は他人からの同情を得るためには、憎悪・報復感の調子を引き下げなければならない。
3　被害者が不法行為に対して正当に報復しようとするならば、他人は被害者の報復感に同情する。被害者が不法行為に対してまったく報復しようとしないならば、他人は被害者の卑屈さを軽蔑する。
4　我々は被害者への烏合の群衆からの報復の呼びかけには反感を抱かざるをえない。

5　怒りの対象者を全員の前で過度に叱責してはいけない。

6　ある事柄が想像力にとって愉快であるか、不愉快であるかを決するものは事柄の直接（即時）の効果であって、後々の効果ではない。

7　微笑する顔付きを見ると快活な気分になり、怒り狂う人の耳障りな声を聞くと嫌悪の情を起こさせる。

8　怒り・怨恨を高尚にすることのできる唯一の動機は大度（度量の大きさ）である。

9　寛大な人情味の豊かな人が受ける危害は、一緒に生活している人の不実・忘恩による不愉快な情感である。

10　気儘な揚げ足をとるような気性は賎しい気性である。

11　我々が「報復感」を正当化させる理由は、報復感を感じることが道徳的に適正であると自覚しているからである。

# 愛の情操は当事者に好感を与え、他人を慰める

第二篇第四章「社会的情操について」

## 社会的情操としての愛の情操

スミスは、社会的情操の一つとして「愛の情操」を取り上げている。愛の情操は、愛の情操を感ずる当事者に好感を与え、他人を慰め、落ち着かせ、活動力を培い、健康を促進する。

## 「同情分割」vs.「同情重複」

(1)「同情分割」：憎悪・憤怒など

憎悪・憤怒などの情感が被害者の顔付きまたは行動に現れたとき、被害者を見ている他人の同情は、加害者と被害者の間に分割される（「同情分割」）。つまり、憎悪・憤怒などの情感は、被害者を見ている他人（「公平無私なる見物人」を含む）にとって醜くかつ不愉快なものである。こうして被害者を見て

いる他人は、被害者に対してのみならず加害者に対しても同情する。

（2）「同情重複」：寛大・人間愛・親切・同憂・相互友情・尊敬・仁愛など

寛大・人間愛・親切・同憂（憂いをともにすること）・相互友情・尊敬などの情感がその情感を感じる当事者の顔付きまたは行動に現れたとき、当事者を見ている他人（「公平無私なる見物人」を含む）にとって、情感を起こさせた人に対する同情と、その情感を感じる当事者に対する同情は同じである（「同情重複」）。寛大・人間愛・親切・同憂・相互友情・尊敬・仁愛などの情感は、当事者を見ている他人にとって愉快なものであり、その中の「仁愛」は最強の同情重複であるとされる。

### 勇敢な人――憎悪・憤怒の対象 vs. 敵からの実害

勇敢な人にとっては、自らが憎悪・憤怒の対象になっているという意識は、敵から受ける恐れのある実害よりも大きな苦痛の種である。

### 繊細な感覚をもつ感受性の強い人――愛されていることの「意識 vs. 実益」

繊細な感覚をもった感受性の強い人にとっては、愛されているという意識は、愛されていることから得られる利益よりも大きな重要性をもっている。

## 友達間に不和の種を播く

スミスは「友達間に不和の種を播いて、かれらのやさしい愛情を度し難い憎悪に転換させることに興味を持つ人の性格ほどいやな性格はまたとあるであろうか。（中略）それは両者いずれもそれによって常に満足を与えられたところの友情そのものをかれらから奪い去るからであり、相互の愛情をかれらから盗みとってしまうからである。」（訳書一〇五頁）と述べている。つまり、友達間に不和の種が播かれれば、友達間の心の調和は掻き乱され、それまで結ばれていた親和関係に終止符が打たれる。不和の種を播く人はきわめて性格の悪い人である。

## 愉しい気持ちになる家庭 vs. 不安な気持ちに襲われる家庭

（1）　愉しい気持ちになる家庭

スミスは「相互の愛情と尊敬とが全体を支配するような家庭」「親子は互いに仲よく暮らし、子は親を尊敬の念をもって遇し、親は子を労わり甘やかす点で互いに異なるぐらいのもので、その外に親子の間には何らの相異も存しない家庭」「自由と愛情に満たされお互いに冗談を言ったり、親切にし合ったりする点からみても兄弟間に何ら利害相反するための軋轢も存せず、あるいは両親に可愛がられようとしてお互いに競争するために姉妹が仲違いすることのないような家庭」「何事によらずわれわれに平和・快活・調和・満足の観念を植えつけるような家庭」（訳書一〇五～一〇六頁）などを愉しい気持ちになる家庭とみなしている。

（2）　不安な気持ちに襲われる家庭

スミスは「利害の衝突のためにその中に住む半数のものが他の半数のものに対して相争っている家庭」「わざとらしい愛情と親切にもかかわらず、疑い深い眼指しや突発的な激情からみて、かれらの胸中に燃えさかっているお互いの猜忌心をすぐさま感づくことのできるような家庭」「かような猜忌心が、目の前に他人がいるために止むをえず課せられているあらゆる拘束の間隙を縫ってたえず表面に迸り出ようとしている家庭」（訳書一〇六頁）などを不安な気持ちに襲われる家庭とみなしている。

## 過度の人間愛は憐憫の情をそそる

「あまりに優しすぎる母親」「あまりに子どもを甘やかしすぎる父親」「あまりに寛大で愛情の豊かすぎる友人」（訳書一〇六頁）といった過度の人間愛は、嫌悪の情を起こさず、他のいかなる性質よりも憐憫《れんびん》の情をそそる。

## 過度の憎悪・憤怒は恐れられ、嫌われる

憎悪・報復感といった忌まわしい情感を起こしやすい性向をあまりにも強くもっている人は、恐れられ、嫌われる。そして、このような人は、野獣と同様に、あらゆる市民社会から放逐されねばならない。

**ポイント**

1 憎悪・憤怒は醜くかつ不愉快なものである。
2 寛大・人間愛・親切・同憂・相互友情・尊敬は気持ちよく似つかわしいものである。
3 「仁愛」は最強の「同情重複」である。
4 勇敢な人にとっては、自らが憎悪・憤怒の対象になっているという意識は大きな苦痛の種である。
5 繊細な感覚をもった感受性の強い人にとっては、愛されているという意識は大きな重要性をもっている。
6 愛し合っている人達はそれぞれ幸福になり、あらゆる他の人々を快いものにする。
7 過度の人間愛は嫌悪の情を起こさず、憐憫の情をそそる。

8 憎悪・報復感を起こしやすい性向をあまりにも強くもっている人は、恐れられ、嫌われる。

## 運命の急進は幸福に役立たない vs. 運命の漸進は幸福に役立つ

第二篇第五章「利己的情感について」

### 社会的情感、非社会的情感、第三の種類の情感

社会的情感（愛の情操など）と非社会的情感（憎悪・報復感など）は二つの相反する情感であり、スミスは、社会的情感と非社会的情感の中間的位置に「第三の種類の情感」を置いている。スミスは、「第三の種類の情感」の例示として、「不運による悲哀」と「幸運による歓喜」を挙げている。「悲哀」「歓喜」といった「第三の種類の情感」は、第一にその度が過ぎていても、不愉快なもので

はない、第二にその対象に最も合致していても、愉快なものではない。

## 悲哀 vs. 歓喜――大きな悲しみ vs. 小さな喜び

悲哀は苦痛である。我々は、悲しみを避けてまったく感じないように努めるか、あるいは悲しみを感じるや否や一刻も早く振り落としてしまおうと努める。歓喜は快い情緒である。我々は、瑣細な動機の場合にも、つねに他人の喜びに同情する。

「悲哀」は大きければ大きいほど、「歓喜」は小さければ小さいほど、同情されやすい。逆に、「悲哀」は小さければ小さいほど、「歓喜」は大きければ大きいほど、同情されにくい。

大きな悲哀に対する同情は、非常に強くかつ非常に誠実である。我々が、深い悲しみに遭遇したときには、第一にすべての友達から真心こめた最大の同情を得る、第二に利害関係と名誉が許す範囲において、すべての友達から最も親切な助力を得ることが期待される。

## 「成り上がり」の心構え

何かの事情で急な運命の激変により、たちまち従来生活していたよりもはるかに高級な生活状態へ出世した人は「成り上がり」と呼ばれている。「成り上がり」について、スミスは「出世した人は、おそらくかれの最も親しい友達の祝辞といえども、そのすべてが完全に誠意のこもったものでないことを確認するであろう。出世は最大の功績であるとはいえ、それは一般に不愉快なものであり、通常嫉妬の感情のために、われわれはその人の喜びに対して心から同情するわけにはゆかないのである。」(訳書一〇八〜一〇九頁)と述べている。したがって、「成り上がり」は嫉妬を生むので、これを避けるためには思慮分別をもたなければならない。

「成り上がり」の人、たとえば地価・株価高騰による成金《なりきん》は、第一に幸運に恵まれたことを得意としているようにみせかけないで、喜びを隠すように努め、第二に新しい環境の故に自然に鼓舞される意気の高揚を抑えるように努め、第三に成り上がる前と同じ謙遜な態度をとるように努め、第四に以前にも増して旧友に注意を払い、いまだかつてなかったぐらいに卑下し、勉励し、慇懃になろうと努めなければならない。

## 「成り上がり」と「旧い友達 vs. 新しい友達」

(1)「成り上がり」と旧い友達

旧い友達は、「成り上がり」が自己より優れたものになったと分かったときに自尊心を傷つけられる。旧い友達は、成り上がりの人の幸福に同情することはしない。むしろ自分の嫉妬・嫌悪に対し、成り上がりの人から一層同情してもらいたいと期待している。

スミスは「われわれはかれ（「成り上がり」――引用者注）の謙遜の誠実さを疑い、かれはこのような遠慮気兼ねに次第に我慢ができなくなる。それ故に、間もなくかれは自分のすべての旧友を置き去りにしてしまうのが一般である」（訳書一〇九頁）と述べ、さらに、旧友の中の一部の最も卑屈な連中は自ら卑下して「成り上がり」の腰巾着になると指摘している。

（2）「成り上がり」と新しい友達

新しい友達は、「成り上がり」が自己と同等であると分かったときに自尊心を傷つけられる。スミスは「他方（新しい友達――引用者注）の生意気な軽蔑に対しても腹を立て、その結果前者（旧い友達――引用者注）に処するにこれを無視し、後者（新しい友達――引用者注）に対しては癇癪玉を破裂させ、揚句の果ては次第に横柄となり、すべての人の尊敬を失ってしまう」（訳書一〇九～一一〇頁）と述べている。

## 運命の急進は幸福に役立たない vs. 運命の漸進は幸福に役立つ

我々の幸福は、他人から愛されているという意識から生まれる。幸福と「運命の急進 vs. 運命の漸進」の関係について言えば、第一に運命の急変による「成り上がり」は他人からの愛を受けることができず、幸福のためにはたいして役に立たない、第二に運命の漸進による成功は置き去りにした旧友に何らの羨望を起こさせず、追いついた新しい友達の心の中に何らの嫉妬を起こさせないので、他人からの愛を受けることができ、最大の幸福をもたらす。

## 「若さ」は愛情を惹きつける

スミスは「われわれの愛情をたやすく惹きつけるところのものは、愉悦の時期たるかの若さである。」（訳書一一〇頁）と述べ、「若さ」は愉悦（心から楽しむこと）であると指摘している。「若さ」について、スミスは「青年をすら元気づけ、美と青春の眼からほとばしり出るように思われる喜びをあこがれる性向は、たとえそれが同性の人にあらわれる場合でも、年をとった人をさえも有頂天にさせて、平素とはくらべものにならぬぐらい愉しい気分にひたらせる。かれらはしばしの間自分の老衰を忘れて、久しくお目にかからなかったかの快い観念と情緒に夢中になってしまう。」（訳書一一〇〜一一一頁）と述べている。

## 瑣細な出来事に対して

悪意は、他人の瑣細な心配事に対して同情するのを妨げるばかりでなく、これを面白がる傾向がある。また当事者自身も、心配事が瑣細であればこれに深く取り合わない。

(1)「徹底的に社会的教養を身につけている人」：瑣細な出来事によって蒙る苦痛を冗談として一笑に付してしまう。
(2)「最も尋常の育ちのよい人」：瑣細な出来事によって蒙る苦痛を何食わぬ顔をしてごまかす。
(3)「この世の中に生活している人」：自分自身に関するあらゆる事柄が他人の眼にいかに映ずるであろうかを気にしているので、瑣細な出来事によって蒙る苦痛を一笑に付してしまう。

**ポイント**

1　悲哀は大きければ、歓喜は小さければ、最も同情されやすい。
2　「成り上がり」の人は思慮分別をもたなければならない。
3　旧友は「成り上がり」が自らより優れたものになったと分かったときに自尊心を傷つけられ、新しい友達は「成り上がり」が自らと平等であると分かったときに自尊心を傷つけられる。
4　運命の急変による「成り上がり」は他人からの愛を受けることができず、運命の漸進による成功は他人からの愛を受けることができる。
5　「若さ」は愉悦（心から楽しむこと）である。
6　小さい不平は何らの同情を起こさせないが、深い苦悩は最大の同情を呼び起こす。

7　社会的教養を身につけている人は瑣細な出来事によって蒙る苦痛を冗談として一笑に付してしまう。

# 悲しみの下振れは喜びの上振れよりも大きい

第三篇第一章「一般に悲しみに対する同情のほうが喜びに対する同情よりも一層活発な感覚作用であるにもかかわらず、当事者が本来感ずるところの感覚作用の激しさには通常はるかに及ばない、ということについて」

## 悲しみに対する同情 vs. 喜びに対する同情

悲しみの下振れは喜びの上振れよりも大きい。

（1）悲しみ

他人の悲しみは度を超していても、我々は他人の悲しみに対して同情をもつ。しかし、我々の同情が他人の悲しみと完全に調和し、一致するはずはない。他人が悲しんでいるとき、我々の感じていることは、当事者の感じていることと比較して小さい。我々は受難者と一緒になって泣いたり、叫んだり、嘆いたりはしない。我々は、他人の悲しみは大袈裟すぎると感じることがあっても、他人の身の上が非常に気にかかる。

（2）喜び

他人が喜んでいるとき、我々の満足はたとえ長続きしないとはいえ、当事者の満足と同じくらいの強さをもっている。我々が、他人の喜びに完全に移入し、共鳴を感じることがないならば、我々は、他人の喜びに対して何らの同情をもつことはできない。無意味な喜びに浮かれて、踊ったり跳ねたりする人に対しては、我々は軽蔑と腹立たしさを感じる。

「悲しみに対する同情 vs. 喜びに対する同情」について、第一に悲しみに対する同情は喜びに対する同情よりも注目されやすい、第二に悲しみに対する同情は喜びに対する同情よりも普遍的である、第三に悲しみに対する同情は強力であるが、喜びに対する同情は薄弱である、第四に以上のような偏見が存在するにもかかわらず、何ら嫉妬心が作用しない場合には、喜びに対して同情しようとする傾向は悲しみに対して同情しようとする傾向に比べて強力であり、第五に悲しみに全面的に同情し、完全に歩調を合わせることは、喜びに徹底的に移入するよりも困難である、第六に喜びに対する同情は悲しみに対する同情よりも、当事者が自然に感じるところの生々しさに近接しやすい、第七に悲しみに対する同情は苦痛であり、喜びに対する同情は快楽である。苦痛は、それが精神上の苦痛であろうが、肉体上の苦痛であろうが、快楽よりもはるかに鋭く感じる。

## 過度の悲しみ vs. 過度の喜び

（1）過度の悲しみ

受難者が、自らの情緒を我々の情緒に完全に調和させるように悲しみを抑制しようとし、しかし悲しみを抑制することに失敗したとしても、我々は受難者の過度の悲しみに対して寛大である。

（2）過度の喜び

幸福の絶頂にある人は、自らの情緒を我々の情緒に完全に調和させるように、喜びを抑制しようとしないので、我々は、過度の喜びに対しては何らの寛大さも持ち合わせていない。

## 「悲しみに対する同情 vs. 喜びに対する同情」と当事者

（1）悲しみに対する同情と当事者（悲しんでいる人）

悲しんでいる人は、我々がいかに嫌々ながら悲しみに共鳴しようとしているかを感じ取り、自らの深い悲しみを我々に訴えることを怖れ、かつためらう。

(2)　喜びに対する同情と当事者（喜んでいる人）

喜んでいる人は、我々が嫉妬心のためにその人をそねむことのない場合には、いつでも我々から最高の同情を受けることを期待し、高らかに歓呼の声をあげるに憚らない。

## 悲しみに対する同情の抑制 vs. 喜びに対する同情の抑制

悲しみに対する同情を制御できる人は賛辞に価いするが、喜びに対する同情を制御する人は称賛に価いしない。

(1)　悲しみに対する同情の抑制

我々は他人の悲しみに対する同情を抑制しようとすることがある。これに関連して、スミスは「受難者がわれわれを見ていなければ、われわれは大概自分自身の都合から、できるだけこの種の同情を抑制しようと努力するが、しかしその場合われわれは必ずしもそれに成功するとは限らない。われわれがかような同情に対していよいよ強く特別の注意を払わざるをえなくなる。」（訳書一一七頁）と述べている。

（2） 喜びに対する同情の抑制

我々は他人の喜びに対する同情を抑制しようとはしない。これに関連して、スミスは「もしも何程かの嫉妬心が作用するならば、われわれは決していささかたりとも同情したい気持ちになれないであろう。またもしかような嫉妬心が全く作用しなければ、われわれは同情の発露に何らの抵抗をも示さないであろう。」（訳書一一七頁）と述べている。

我々は、他人が幸運に恵まれると、心の中ではほんとうに悲しい思いをしている場合でも、口先では嬉しいと言うことがある。つまり、我々は、嫉妬心を恥と思っているので、他人の喜びに同情するかのように装うのである。

## 人々の面前で「笑う vs. 泣く」

スミスは「われわれが最も恐るべき災難に見舞われた場合でも、不平をいうのはいつもみじめである。しかしながら、大成功のために有頂天になることは、常に必ずしも醜いものではない。」（訳書一二一頁）と述べている。我々は苦しい情緒よりも楽しい情緒の場合に一層共鳴しやすいので、我々は人々の面前で、笑うよりも泣くことを一層恥ずかしいと思う。

## 他人の悲しみに対する感受性の欠如の呵責

我々は、他人の悲しみに対して同情するが、他人の悲しみと完全に調和し、一致するはずはない。これを我々は感受性の欠けていることに起因しているのではと呵責《かしゃく》にたえず、無理に同情しようとするのであるが、こうして起こった同情は瞬間的なものにすぎず、つねに我々の想像しうる最も微弱なものである。これについて、スミスは「自然はわれわれにわれわれ自身の悲しみの重荷を背負わせているので、それだけで充分であると考え、したがって他人の悲しみに関しては、どうしてもそれを救済せざるをえない気持ちにわれわれを駆り立てる以上には、われわれをしてあまり深く立ち入って関係しないようにさせているのかもしれない。」（訳書一一二頁）と述べている。

**ポイント**

1 悲しみに対する同情は強力・苦痛であるが、喜びに対する同情は薄弱・愉快である。
2 他人の悲しみは度が過ぎていても、他人の悲しみに対してある程度の同情をもつ。
3 無意味な喜びに浮かれて、踊ったり跳ねたりする人に対しては、軽蔑と腹立たしさを感じる。
4 苦痛は快楽よりもはるかに鋭く感じる。

5　他人の悲しみに対する同情を抑制しようとすることがあるが、他人の喜びに対する同情を抑制しようとはしない。
6　嫉妬心を恥と思っているので、他人の喜びに同情するかのように装う。
7　受難者の過度の悲嘆に対して寛大であるが、過度の喜びに対しては何らの寛大を持ち合わせていない。
8　悲しみを制御できる人は賛辞に値する。
9　人の心境は逆境のときの下振れが幸福のときの上振れよりも大きい。
10　悲しんでいる人は悲しみを訴えることを怖れかつためらい、喜んでいる人は高らかに歓呼の声をあげるに憚らない。
11　苦しい情緒よりも楽しい情緒の場合に一層共鳴しやすい。

# 注目を浴びることが幸福の源泉

第三篇第二章「野心の起源ならびに身分の区別について」

## 注目を浴びることが幸福の源泉――地位の向上と虚栄

幸福の源泉の一つは世間の人々からの注目を浴びることである。虚栄は他人の注目と称賛の的になっているとの信念に基づくのがつねであり、我々の関心を掻き立てるのは虚栄であって、安楽・快楽ではない。

我々は「地位の向上」を目指して競争しているが、地位の向上からの利益は、第一に「他人につくづくと眺められること」、第二に「他人に傾聴せられること」「他人に同情と好感の称賛とをもって遇せられること」（訳書一三一頁）である。

## 富貴を誇示 vs. 貧困を隠す

世間の人々は、悲しみに対してよりも喜びに対して一層同情しやすい傾向があるので、我々は、自らの富貴を誇示し、貧困を隠そうとする。

富者は自らの巨富を自慢し、貧困者は自らの貧困を恥ずかしがる。

(1) 富　者

富者が自らの巨富を自慢するのは、第一に巨富のために世間の人々が富者に注目するからであり、第二に巨富によって気持ちのいい情緒を感じるからである。

(2) 貧困者

貧困者が自らの貧困を恥ずかしがるのは、第一に貧困のために世間の人々の視野の外に置かれるからであり、第二に世間の人々からの注目を受けても、貧困者の不幸に対して同情してもらえないことを感づいているからである。

## 高貴な人々は注目されている――世間の人々の欲望の究極

スミスは「われわれが想像の力を働かすことによってややもすると描きやすい妄想の色眼鏡でもって高貴な人々の境遇を考察するならば、かような考察によって得られる観念は、完全の状態ならびに幸福の状態に関するほとんど理想的な観念を代表するように思われる。（中略）それ故に、われわれはかような境遇にある人々の満足に対しては特別の同情を感ずる。」（訳書一三三頁）と述べている。つまり、第一に高貴な人々の境遇は幸福の理想である、第二に我々の欲望の究極は高貴な人々の境遇である、第三に我々は高貴な人々のほとんど完璧に近い境遇をさらに完成しようと熱心に援助する、第四に高貴な人々の身に振りかかる災難・危害は、同じ事件が一般人の身の上に起こった場合に比べると、十倍も強く我々の心に衝動を与えて、同憂と報復感を起こさせる。

## 一般人の高貴な人々への追従――社会の秩序

一般人の高貴な人々への追従は理性・哲学にもとづくものでなく、人間の自然な本性にもとづくものであり、社会の秩序は、高貴な人々へ追従したいという一般人の性向によって支持されている。高貴な人への一般人の追従の理由は、第一に高貴な人の好意に訴えて何らかの恩恵に与かろうと期待するためではなくて、高貴な人の有利な地位に対する賛嘆を惜しまないからであり、第二に高貴な人に対する奉仕自体が目的ではなく、高貴な人に恩義を感じさせたという虚栄と名誉を得たいからである。

## 高貴な人 vs. 一般人

スミスは「貴人の風を真似して、自分の日常の行動にも最高度の礼節を示して名士を気取ろうとする伊達者は、その愚昧と僭越との両面から二重の嘲笑をもって報いられる。」（訳書一三八頁）と述べ、高貴な人の栄誉は自己の日常の行動における道徳的適正に由来しているので、一般人は高貴な人の典雅高尚なる優越感を感じることはできないと論じている。つまり、高貴な人の歩き振りや身振りは高貴な人と同じ階層にあるものだけに似合い、一般人がそのような真似をすれば物笑いの種になる。

## 偉くなりたいと思えば――「無官の太夫の行動」

スミスは、無官の太夫の行動の特徴は「最も完全な謙譲と質朴に加えて自分達の仲間のものから受ける尊敬の念を裏切らない程度の鷹揚」「誠実と聡明、寛大と率直」（訳書一三九頁）と述べ、偉くなりたいと思うならば、以下の肉体労働と精神活動を行って、自己の心身を鍛練し、資金を得なければならないと論じている。

(1) 自らの専門の職業に関するすぐれた知識を習得しなければならない。
(2) そうした知識を錬磨するために勤勉でなければならない。
(3) 労働に際して我慢強くなければならない。
(4) 危険に臨んでは断固たる決意をもたなければならない。
(5) 悲境に陥っては確固たる心構えが必要である。

## 野心は騒乱・不正の原因

野心家が実際に追求するのは安逸・快楽ではなく、つねに何らかの種類の名誉である。愛情には野心が伴うけれど、野心に愛情の伴うことは滅多にない。野心は騒乱・不正の原因であり、高潔な決心を維持する唯一の道は野心の領域内に決して立ち入らないことである。

## 非常に大きな不幸 vs. ちょっとした災難

スミスは「非常に大きな不幸に悩みながら大勢の人の前に現われるよりも、ちょっとした災難に苦しみながら大衆の面前に現われることの方が、はるかにはずかしい思いをさせられることがしばしばある。」（訳書一四四頁）と述べ、その例証として「上流の人達の集まりに出る紳士にとっては、傷つき血を流して出るよりも、垢だらけのぼろを着て出ることの方がはるかに屈辱を感ずるはずである。」（訳書一四四頁）を挙げている。つまり、「ちょっとした災難」は何らの同情を呼び起こさないが、「非常に大きな不幸」はたとえ受難者の苦痛に近い同憂感を刺激することはないとしても、きわめて撥刺たる同憂の感情を呼び起こし、受難者が不幸を堪え忍ぶ上において相当の助けとなる。例証についていえば、傷つき血を流している状況は他人の憐憫の情を刺激するけれども、垢だらけのぼろを着ている状況は他人の嘲笑を招くにすぎない。

## 大きな危険 vs. 中位の危険

スミスは「大きな危険はそれ自身魅力をもっている。なぜなら、たとえわれわれがそれを処理し損うような場合でも、その中には獲得すればしうるはずのある種の栄光が含まれているからである。しかるに中位の危険には、単に恐ろしいものだけしか含まれていない。なぜなら、そのような危険にあっては、その処理にしくじるならば、常に名声を失うことを覚悟しなければならないからである。」（訳書一四六頁）と述べている。

### ポイント

1　我々は自らの富貴を誇示し、貧困を隠そうとする。

2　関心を掻き立てるのは虚栄であって、安楽・快楽ではない。
3　富者は自らの巨富を自慢し、貧困者は自らの貧困を恥ずかしがる。
4　高貴な人に対する同情は一般人に対する同情より強い。
5　偉くなりたいと思うならば、肉体労働と精神活動を行って、自己の心身を鍛練し、資金を得なければならない。
6　野心が騒乱・不正の原因である。
7　同憂の感情は受難者が不幸を堪え忍ぶ上において相当の助けとなる。
8　高い身分の人々に関しては比較的軽い刑罰は適用されない。
9　大きな危険は処理し損ねても栄光があるが、小さな危険は処理し損ねると名声を失う。

# 競争心には正義と貪欲という二つの異なる性格がある

第三篇第三章「このように富者や偉人を賛美し、貧困者や下賤の者を軽蔑したり、あるいは無視したりする性向のために起こる道徳情操の頽廃について」

## 道徳情操の頽廃――富者の賛美 vs. 貧困者の軽蔑

富者・権力者が叡知・美徳の者であり、貧者・下賤者が悪徳・愚昧の者であることが固定していれば、富者・権力者を尊敬・賛美し、貧困者・下賤者を軽蔑・無視することは社会の秩序を設定し、維持する上に必要不可欠の要素であるかもしれない。

しかし、富者・権力者の尊敬・賛美、貧困者・下賤者の軽蔑・無視は、「富者・権力者は必ずや叡知・美徳である」「貧困者・下賤者は必ずや悪徳・愚昧である」ならば正当化されるであろうが、「富者・権力者の中には悪徳・愚昧である者がいる」「貧困者・下賤者の中には叡知・美徳の者がいる」のであるならば正当化されず、単なる「富者・権力者の尊敬・賛美、貧困者・下賤者の軽蔑・無視」は道徳情操を頽廃させることになる。

## 賢人・聖人 vs. 富者・偉人

我々は尊敬に価いする人間になりたい、軽蔑に価いする人間になりたくない。正当には「叡知・美徳が尊敬・賛美に価いする」「悪徳・愚昧が軽蔑・無視に価いする」というものであるが、我々は、第一に叡知・美徳だけが決して唯一の尊敬・賛美に価いするものではなく、悪徳・愚昧だけが決して唯一の軽蔑・無視に価いするものではないことに気づいている、第二に叡知・美徳に対して感じる尊敬の念と富者・偉人に対して感じる尊敬の念は異なるものであることを理解している。

そこで、スミスは「われわれは世間の人々が賢人や聖人に対してよりも、富者や偉人に対して一層強い尊敬の眼を投ずるのをしばしば見受ける。われわれはまた権力者の悪徳や愚昧よりも、無力者の貧困と薄弱の方がはるかに強く軽蔑せられる事実にもしばしば遭遇する。」（訳書一四九～一五〇頁）と述べている。

我々の中の少数の有徳の士のみが賢人・聖人の叡知・美徳を尊敬・賛美し、大多数の一般庶民は叡知・美徳、悪徳・愚昧のいかんにかかわらず、単に富者・偉人を尊敬・賛美する。

## 尊敬・賛美に価いする方法――「知識の探求と美徳の実践」vs.「富と権力の獲得」

我々は尊敬・賛美に価いする人間になりたい、他人から尊敬・賛美されたいと欲している。尊敬・

賛美に価いする人間になるための方法には、「知識の探求と美徳の実践」「富と権力の獲得」（訳書一五〇頁）の二つがあり、したがって、競争心には、「控え目な謙譲と公正なる正義の性質」「高慢なる野心と飽くことを知らない貪慾」（訳書一五〇頁）の二つの異なる性格がある。

## 富者・権力者の自尊心・虚栄心 vs. 貧困者・賎者の真摯な堅実な功績

スミスは「大多数の人々にとっては、富者や権力者の自尊心や虚栄心の方が、貧者や賎者の真摯な堅実な功績よりもはるかに称讃に価するのである。善良な道徳の上からもないしは単なる善い言葉使いの上からすらも、功績と美徳のともなわない単なる富貴や権勢がわれわれの尊敬に価いするというのは、決して気持ちのいいことではない。しかしながら、事実上富者や権力者が殆んど常に尊敬をかちえていることをわれわれは認めなければならない。したがって富貴や権勢が、ある観点から見ると、われわれの尊敬の自然の対象であるかの如くに考えられる、ということもこれを認めないわけにはゆかない。」（訳書一五一頁）と述べている。つまり、第一に功績・美徳の伴わない富貴・権勢が尊敬に価いするというのは、道徳の上から決して気持ちのいいことではないが、富者・権力者は事実上殆んどつねに尊敬を得ている、第二に悪徳・愚昧が非常に甚だしくなければ、富者・権力者の自尊心・虚栄心はつねに尊敬・賛美される。

かくて、富者・権力者が流行の源泉となりうるのは、我々に富者・権力者を賛美し、模倣しようとする性向があるからである。

## 中流・下流階級の心得 vs. 上流階級の心得

（1）中流・下流階級の心得

中流・下流階級にとっては、「美徳への道」と「幸運への道」はほとんど一致している。中流・下流社会の人々にとって、第一に成功は隣人・同僚の好意・好評によって支配され、好意・好評は我慢強い規則正しい好意によって受けることができる、第二に正直は最善の処世術である。

（2）上流階級の心得

上流（貴人）社会の人々にとって「人を喜ばす能力」は「人に奉仕する能力」よりも一層高く評価される。

**ポイント**

1　単なる「富者・権力者の尊敬・賛美、貧困者・下賤者の軽蔑・無視」は道徳情操を頽廃させる。

2　中流・下流階級にとっては、正直は最善の処世術である。

3　上流社会の人々にとっては、「人を喜ばす能力」は「人に奉仕する能力」よりも一層高く評価される。

# Ⅱ　我々はお互いに助力を必要としている

第二部「功績と罪過とについて、あるいは褒賞と処罰との対象について」

第二部「功績と罪過とについて、あるいは褒賞と処罰との対象について」は三つの篇からなっている。「第一篇　功績と罪過の感覚について」の第一章は「褒賞 vs. 処罰」を取り上げ、第二章は「感謝 vs. 報復感」の「適切にして申分のない」対象を取り上げている。第三章は、我々は、加害者の動機に道徳的に見て不適正なものが存在するように見えるならば、苦しんでいる人が加害者に対して抱く報復感に同情すると論じている。第四章は第一、二、三章の総括である。第五章「功績の感覚ならびに罪過の感覚の分析」は、援助者の行為の功績に関する我々の感覚は「援助者の情操に対する直接的同情」と「被援助者の感謝に対する間接的同情」の複合であり、加害者の行為の罪過に関する我々の感覚は「加害者の情操に対する直接的同情（直接的反感）」と「被害者の報復感に対する間接的同情」の複合であると論じている。

「第二篇　正義と仁恵について」の第一章は「正義 vs. 仁恵」を取り上げ、道徳的に適正な動機から発し、仁恵的な結果をもたらす行為だけが褒賞に価いする、道徳的に不適正な動機から発し、有害な結果をもたらす行為だけが処罰に価いすると論じている。第二章「正義の感覚、悔恨の感覚ならびに功績の意識について」は他人の幸福よりも自分の幸福を優先的に重んずることは自然の性向であるが、それを他人を犠牲にして恣いままにすることは共鳴しえないと論じている。第三章「このような自然の摂理の効用について」は「合意的な価値評価にもとづくめいめいの尽力の欲得ずくの交換」（市場メカニズム）があれば、社会は繁栄し幸福であるとした上で、「見えざる手」は相互に害し合う人々の間では機能しないと論じている。また、社会は仁恵がなくても存立するが、正義がなければ崩壊すると論じている。

「第三篇　行為の功績または罪過に関して人類の情操に及ぼす偶然の運の影響について」の序論は「行為を生ぜしめた心の意図または性向」のみが称賛・非難の基礎になりえると論じている。第一章「運がもたらすこのような影響の諸原因について」は我々が危害を加えられた人に対して報復したいのは、我々が危害を加えられるような人でなかったことを後悔させたいからであると論じている。第二章「運の与えるこのような影響の範囲について」は「運」の良い・悪いにより、行為の功績または罪過に関する感覚を増大させると論じている。第三章「このような情操の不規則性の起こる究極の原因について」は「公明正大な原則」と「実際」の食い違いは「運」であると論じている。

# 感謝は褒賞させる情緒、報復感は処罰させる情緒

第一篇第一章「感謝の適切なる対象はすべて褒賞に価いし、報復感の適切なる対象はすべて処罰に価いするという考え方について」

## 感謝は褒賞させる情緒

「褒賞」は、受けた善に対して、善をもって償い、酬い、返すことである。「感謝」は、最も迅速かつ直接的に人々を促して褒賞させる情緒である。第一に我々は、平素互いによく知り合い、感心し合っていることから愛情・尊敬を有している人には幸福になってもらいたい、幸福になってもらうために自ら手を貸したいと思っている。これらの人が我々の手を借りることなく幸福になっているとしても、我々の愛情は満足させられている。第二に我々が、愛情・尊敬を有している人に対して、過去に奉仕してもらったことにより恩義を感じているとしよう。これらの人が何ら我々の手を借りることなく幸福になっているときには、我々の感謝を満足させるものではない。我々がこれらの人の幸福を促進するための要具になり、返報してはじめて、我々の感謝を満足させられる。

## 報復感は処罰させる情緒

「処罰」は、受けた悪に対して、悪をもって償い、酬い、返すことである。「報復感」は、最も迅速かつ直接的に人々を促して処罰させる情緒である。第一に我々は、危害を加えた人には不幸になってもらいたい、不幸にさせるために自ら手を貸したいと思っている。これらの人が我々の手を借りることなく不幸になっているとき、それは我々の憎悪・嫌忌の感情を慰めてくれる、第二に我々に危害を加えた人が我々の手を借りることなく不幸になっているとき、我々の報復感を満足させるものではない。我々がこれらの人の不幸を促進するための要具になり、受けた悪に対して悪をもって償い、酬い、返してはじめて、我々の報復感を満足させられる。

これに関して、スミスは「報復感に促されてわれわれが欲するところのものは、その人が罰せられるばかりでなく、われわれの手によって罰せられることであり、またかれがわれわれに加えた特定の危害の故に罰せられることである。報復感は、加害者が自分の番において苦しむばかりでなく、われわれがかれのために苦しんだ特定の悪業のために苦しむのでなければ、充分にこれを満足させるわけにはゆかない。」（訳書一六七～一六八頁）と述べている。

## 憎悪・嫌忌は他人の不幸に対する悪意に満ちた快感をもたせる

憎悪・嫌忌は、他人の不幸に対して、我々に悪意に満ちた快感をもつように仕向ける。しかし、報復感が存在しなければ、憎悪・嫌忌に促されて、我々が他人に災禍をもたらすための要具になりたいと自然に希望するようにはならない。

## 刑罰は再犯を尻込みさせる水準でなければならない

スミスは「かれを否応なしに後悔させ、悲しませるためにとられる行為は、他の人々が同じ刑罰を恐れるのあまり、同じような罪過を犯すことに尻込みするような性質のものでなければならない。」(訳書一六八頁)と述べている。つまり、刑罰の程度は同様の罪過を犯すことに尻込みさせるような水準でなければならない。

**ポイント**

1 褒賞は、受けた善に対して善をもって償い、酬い、返すことである。
2 処罰は、受けた悪に対して悪をもって償い、酬い、返すことである。
3 憎悪・嫌忌は、他人の不幸に対して、我々に悪意に満ちた快感を感じるように仕向ける。

## 「公平無私なる見物人」とは

第一篇第二章「感謝と報復感の適切なる対象について」

### 「感謝 vs. 報復感」の「適切にして申分のない」対象

感謝・報復感が「適切にして申分のない」というのは、すべての不偏不党の傍観者（「公平無私なる見物人」）が完全にそれらの情緒に移入し、共鳴することを意味している。

（1）感謝の「適切にして申分のない」対象

ある人が他の人から援助されているのを見ると、我々は、第一に援助を受けている人の喜びに対して同情し、第二に援助を受けている人が援助を与えている人に対して抱く感謝に対して同情し、第三に援助を受けている人の援助を与えている人に対する返報を称賛する。

（2） 報復感の「適切にして申分のない」対象

ある人が他の人から苦しめられているのを見ると、我々は、第一に苦しんでいる人の悲しみに対して同情し、第二に苦しんでいる人が加害者に対して抱く報復感に同情し、第三に苦しんでいる人が悲惨の原因を払い除く努力に鼓舞される。

**ポイント**

我々は、援助を与えている人の動機が道徳的適正であれば、援助を受けている人が援助を与えている人に対して抱く感謝に満ちた情緒に対して同情する。

# 動機の「道徳的適正 vs. 道徳的不適正」とは

第一篇第三章「恩恵を施す人の行為が一般に是認されないような場合には、かような恩恵を受ける人の抱く感謝の気持ちに対してほとんど同情の念が起こらないということについて、またこれに反して危害を加えた人の動機が一般に否認されないような場合には、かような危害のために苦しむ人の報復感に対しても何らの同情の念も起こらないということについて」

## 行為者の動機の「道徳的適正 vs. 道徳的不適正」

（1）　行為者の動機の道徳的適正：感謝への同情

ある人が他の人から援助されているのを見ると、我々は、第一に援助を与えている人の動機が道徳的適正であれば、援助を受けている人が援助を与えている人に対して抱く感謝に対して同情する、第二に援助を与えている人の動機が道徳的不適正であれば、援助を受けている人が援助を与えている人に対して抱く感謝に対して同情しえない。

（2） 行為者の動機の道徳的不適正：報復感への同情

ある人が他の人から苦しめられているのを見ると、我々は、第一に加害者の動機に何ら道徳的に見て不適正なものが存在しなかったように見えるならば、苦しんでいる人が加害者に対して抱く報復感に同情しえない、第二に加害者の動機に道徳的に見て不適正なものが存在するように見えるならば、苦しんでいる人が加害者に対して抱く報復感に同情する。

**ポイント**

我々は、加害者の動機に道徳的に見て不適正なものが存在するように見えるならば、苦しんでいる人が加害者に対して抱く報復感に同情する。

（第一篇第四章は前述各章の総括のため、省略）

# 道徳的適正の感覚は直接的同情から vs. 功績に関する感覚は間接的同情から

第一篇第五章「功績の感覚ならびに罪過の感覚の分析」

## 道徳的適正の感覚は直接的同情から vs. 功績に関する感覚は間接的同情から

ある人が他の人から援助されているのを見たとき、援助者の行為の道徳的適正に関する我々の感覚は、その動機に対する直接的同情から生じ、行為の功績に関する我々の感覚は、被援助者の援助者に対する感謝に対する間接的同情から生じる。

## 道徳的不適正の感覚は直接的同情から vs. 罪過の感覚は間接的同情から

ある人が他の人から苦しめられているのを見たとき、加害者の行為の道徳的不適正に関する我々の感覚は、その動機に対する直接的同情（直接的反感）から生じ、行為の罪過に関する感覚は、被害者の加害者に対する報復感に対する我々の間接的同情から生じる。

## 功績の感覚 vs. 罪過の感覚——動機を是認しないとき

我々は、援助者の動機を是認しないならば、被援助者の感謝に徹底的に移入できない。援助者の行為の功績に関する我々の感覚は、「援助者の動機に対する直接的同情」と「被援助者の感謝に対する間接的同情」の複合情操である。

我々は、加害者の動機を是認しないならば、被害者の報復感に徹底的に移入できない。加害者の行為の罪過に関する我々の感覚は、「加害者の動機に対する直接的同情（直接的反感）」と「被害者の報復感に対する間接的同情」の複合情操である。

**ポイント**

1　援助者の行為の功績に関する我々の感覚は「援助者の情操に対する直接的同情」と「被援助者の感謝に対する間接的同情」の複合である。

2　加害者の行為の罪過に関する我々の感覚は「加害者の情操に対する直接的同情（直接的反感）」と「被害者の報復感に対する間接的同情」の複合である。

# 他人へ同情しない人は他人から同情されない

第二篇第一章「この二つの美徳の比較について」

## 「褒賞に価いする」vs.「処罰に価いする」

（1）「褒賞に価いする」
道徳的に適正な動機から発し、仁恵的な結果をもたらす行為だけが褒賞に価いする。

（2）「処罰に価いする」
道徳的に不適正な動機から発し、有害な結果をもたらす行為だけが処罰に価いする。

## 仁恵は自由 vs. 正義は権力によって強制

（1）「仁恵」：感謝 vs. 友情・寛容・慈悲心

第一に仁恵（思いやりの心と恵み）はつねに自由である、つまり仁恵の責務を果たすのも果たさないのも自由である、第二に仁恵は権力によって強制されない、第三に仁恵の欠如は、合理的に考えて期待していい善行について我々を失望させるが、危害を何ら加えるものでもなければ、また加えようと企図するものでもないので、何ら刑罰の対象とはならない。

仁恵の中でも、第一に感謝よりも友情・寛容・慈悲心などに促されて我々が一般の是認を得られるような行為を行うことはより一層自由であり、第二に感謝の責務よりも友情・寛容・慈悲心の責務はより一層権力によって強制されることはない。

（2）「正義」

第一に正義の遵守は我々の意のままに自由に任されてはいない、第二に正義は権力によって無理に強制される、第三に正義に違反すれば人を傷つけるので、正義に違反することは報復感の適切なる対象、したがって報復感の自然の帰結である刑罰の適切なる対象になる。

## 仁恵の程度による「非難に価いする vs. 褒賞に価いする」

（1）　普通の程度の適正な仁恵
仁恵が普通の程度の人は非難されるべきものでもなければ、褒賞されるべきものでもない。

（2）　普通の程度を下回る仁恵
仁恵が普通の程度を下回る人は非難に価いする。

（3）　普通の程度を上回る仁恵
仁恵が普通の程度を上回る人は褒賞に価いする。

## 「仁恵の欠如・実行 vs. 正義の違反・遵守」の非対称性

仁恵の欠如・実行と正義の違反・遵守は非対称である。すなわち、一方で、仁恵の欠如は処罰に価いしないが、仁恵の実行は褒賞に価いする。他方で、正義の違反は処罰の対象になるが、正義の遵守は褒賞に価いしない。

スミスは「正義の実践には道徳的適正の存在することは疑う余地がなく、したがってそうした理由の下に、それは道徳的適正にもとづくあらゆる称讃に価いするのである。しかしながら、それは何ら現実に積極的の善を行うわけでないから、感謝される資格はほとんどない。（中略）単なる正義は一種の消極的な美徳にすぎず、それは単にわれわれが隣人に害を与えることを防止するにすぎない。」（訳書一九五頁）と述べている。つまり、正義は一種の消極的な美徳にすぎず、現実に積極的に善を行うわけでないので、感謝される資格はほとんどない。

## 忘恩の罪

ある人が過去において他の人から援助され、現在ある人（被援助者）が他の人（援助者）に対して報償できる力を持っているとしよう。このとき、過去の被援助者が過去の援助者から逆に支援を求められたにもかかわらず何ら報償しようとしないのは「忘恩の罪」である。

第一に我々は、忘恩の人の動機にひそむ我儘を、「最高の否認の適切なる対象」「道徳的に不適正な場合に自然に呼び起こされる情感たる憎悪の対象」（訳書一九〇頁）にはするが、積極的な危害を加える行為でなければ、報復感の対象にはしない、第二に我々は、忘恩の人を感謝の念を欠いているからといって罰することはしない、第三に忘恩の人に対して、権力をもって否応無しに報償させるようにすることは不可能ではないとしても、それは道徳的に不適正である、第四に忘恩の人を支援した人が暴力を用いて彼に感謝させようとするならば、支援した人は自身の名誉を損なう。

## 防衛のための報復感 vs. 復讐のための暴力

我々は、たんに非難すべきものと、罰するためもしくは防止するために強制力の用いられるものとを注意して区別しなければならない。

スミスは「報復感は防衛のために、そしてただ防衛だけのために、自然がこれをわれわれに与えてくれたように思われる。それは正義の安全弁であると共にまたは罪なき人に対する安全保障でもある。それはわれわれを促して、われわれに加えられようとした危害を払い除けさせ、またすでに加えられた危害に復讐させるようにする。その結果、加害者はかれの犯した不正を後悔せざるをえず、またその他の人々は同じ刑罰を恐れるのあまり、同じような犯罪を犯さないようにする。」（訳書一九一頁）と述べている。つまり、「仕返えし」は自然が我々に命じている偉大な法則であり、報復感は防衛だけのために留保されるべきであり、そうでなければ報復感は他人からの共鳴を受けることができない。

また、スミスは「人類は不正のために加えられた傷害に復讐しようとして用いられる暴力に対してはこれに共鳴し、これを是認するのと同様に、傷害を防止し、これを払い除け、加害者をしてその隣人を傷けないように慎ませるために用いられる暴力に対しては、人類はなお一層共鳴し、これを是認する。」（訳書一九一頁）と述べている。つまり、我々に加えられようとした傷害を払い除け、またすでに加えられた傷害に復讐するために用いられる暴力に対しては、他人から共鳴され、是認される。

## 立法者の命令 vs. 行政官吏の権力

立法者の命令は、道徳的適正をもって執行されるためには、最大の配慮と最大の自制を必要とするが、第一に最大の配慮と最大の自制を無視するならば、国家を著しい混乱に曝すことになる、第二に最大の配慮と最大の自制を過度に重視するならば、自由・安全・正義を危殆に瀕させることになる。行政官吏は、第一に不正を禁止することによって公安を維持する権力を委ねられている、第二に良い規律を確立し、悪徳・道徳的不正を挫折させることによって国家の繁栄を促進すべき権力を与えられている、第三に同胞市民達の間で互いに危害を加え合うことを禁ずる規則を制定する、第四に互いに好意を尽くすように命令する規則を制定する。

## ひきこもり

スミスは「人間性の諸感情に対して絶対に門戸を開こうとしないような心の持ち主は、同様にしてかれのすべての同僚の愛情からも締め出しを食わねばならず、社会の中に住むことが許されるとしても、それは誰もかれの面倒を見るものもなく、また誰もかれを訪ねてくれるものもない非常に大きな砂漠の中に住んでいるような状態におかれねばならぬとわれわれは考える。」（訳書一九五頁）と述べている。つまり、他人に対し同情しない人は他人から同情されない、他人と交わろうとしない人は他人から交わってもらえない。

## ポイント

1　道徳的に適正な動機から発し、仁恵的な結果をもたらす行為だけが褒賞に価いする。

2　道徳的に不適正な動機から発し、有害な結果をもたらす行為だけが処罰に価いする。

3　仁恵は自由であり、権力をもって強制することはできない。

4　正義に違反すれば人を傷つけ、報復感・処罰の適切なる対象になる。

5　忘恩の人を支援した人が暴力を用いて彼に感謝させようとするならば、支援した人は自身の名誉を損なう。

6　報復感は防衛だけのために留保されるべきである。

7　経験によって、万人に期待していい普通の程度の適正な仁恵が存在する。

8　行政官吏は良い規律を確立し、道徳的不正を挫折させる権力を与えられている。

9　立法者の命令は、道徳的適正をもって執行されるためには、最大の配慮と最大の自制を必要とする。

10　仁恵の欠如・実行と正義の違反・遵守は非対称である。

11　正義は消極的な美徳にすぎない。
12　他人へ同情しない人は他人から同情されない、他人と交わろうとしない人は他人から交わってもらえない。

## 三つの共鳴しえないものは「危害を加える」「奪う」「他人を犠牲にする」

第二篇第二章「正義の感覚、悔恨の感覚ならびに功績の意識について」

### 三つの共鳴しえないもの――危害を加える、奪う、他人を犠牲にする

スミスは「すべての人が生まれつき自分自身のことに関して真っ先に、しかも専ら没頭するようにできていることはたしかである。すなわち人間は他人のことよりも自分のことを心配する方が一層適当している以上、そうすべきが妥当でありまた正当である。」（訳書一九七頁）と述べている。つまり、

人は生来同情的ではあるが、自己に敏感であり、他人に鈍感である。しかし、その上で、スミスは、公平無私なる見物人が共鳴しえないものとして、以下の三つのことを挙げている。

(1)　他人が我々に害悪を与えたときに、我々が抱く正当の憤怒以外の、他人に対して危害を加えるための動機・誘因。

(2)　他人の幸福が我々の行く手に立ちはだかっているからといって脅かしたり、他人にとって必要なものが、我々にとってもそれと同等に、またはそれ以上に必要であるからという理由で他人からそのものを奪うこと。

(3)　すべての人には他人の幸福よりも自分の幸福を優先的に重んずるという自然の性向があるが、このような性向を他人を犠牲にして恣いままにすること。

## 自己の心の鏡 vs. 他人の心の鏡——自己を眺める

スミスは自分自身の行動を評価するに際しては、「自分自身の心の鏡に自分の姿を自然に写し出す光線に照らして自分を眺めるよりも、むしろ他人の心の鏡にわれわれを自然に写し出す光線に照らして自分を眺める必要がある。」（訳書一九五頁）と述べている。つまり、第一に我々が自己優先の行動をとることはいかに自然であろうとも、自己優先の行動は、世間の人々が決して共鳴してくれない、また世間の人々の眼につねに法外のこととして映る、第二に我々を他人の心の鏡に写し出したとき、我々は世間の人々にとっては大勢の中の一人にすぎないことを了解している、第三に公平無私なる見物人が我々の行動原理に移入しうるように我々が行動したいと思うならば、我々は自分の利己心の高慢の鼻をへし折って、世間の人々が共鳴しうる程度にまで引き降ろさなければならない。

## フェア・プレー破りは憎悪の対象

スミスは「富、名誉ならびに高い地位を目指して行われる競争において、かれは自分のすべての競争相手を追い抜くために出来るだけ一生懸命に走り、あらゆる神経、あらゆる筋肉を緊張させるであろう。だがしかしもしかれが相手の一人を踏みつけて走ったり、あるいは引き倒したりすれば、見物人は大目に見る態度を完全にやめてしまう。それはフェア・プレーを犯すことであり、見物人はそれを許すことはできない。」(訳書一九九頁)と述べている。つまり、フェア・プレーを犯したときは、世間の人々はたちまち被害者の自然の報復感に同情し、フェア・プレーを犯した者は被害者の憎悪と憤怒の対象となる。

## 悔恨は羞恥、悲哀、憐憫、処罰の恐怖から成り立つ

「悔恨」は恐るべき情操である。悔恨は、過去の行為の道徳的不正感から起こる羞恥と、かかる行為のもたらす結果の悲哀と、かかる行為に苦しめられる人に対する憐憫と、理性ある人の心の中に起こされた報復感の正しいことを意識することから受ける処罰の恐怖とから成り立っている。

## 正しい動機から慈善の行為を行った人

正しい動機から慈善の行為を行った人は、第一に奉仕を受けた人々の感謝の自然の対象になっていることを感じる、第二に慈善を行うようになった動機を他人の心の鏡に写し出すことによる、公平無私なる人の是認に同情することによって、自己を称賛する。

**ポイント**

1　他人の幸福よりも自分の幸福を優先的に重んずることは自然の性向であるが、それを他人を犠牲にして恣いままにすることは共鳴しえない。

2　自己優先の行動をとることは自然であろうとも、自己優先の度合いを世間の人々が共鳴しうる程度にまで引き降ろさなければならない。

3　フェア・プレーを犯したときは、世間の人々は被害者の報復感に同情する。
4　正しい動機から慈善の行為を行った人は、奉仕を受けた人々の自然の対象になる。

## 「見えざる手」は相互に害し合う人々の間では機能しない

第二篇第三章「このような自然の摂理の効用について」

### 助力を与え合う社会は幸福

スミスは「孤独の生活は社会の中にあって生活するよりも一層恐ろしいものである。」（訳書二〇一頁）「人間は社会に対して自然の愛情をもっており、人類の結合はその人間自身はそのような結合のために何らの利益をも得られないにもかかわらず、そうした結合自体のために存続せられねばならぬと希望するもののようにいわれてきた。」（訳書二〇七頁）と述べている。社会のすべての成員は、第一にお互いに助力を必要としている、第二にお互いに危害を加えられる危険に曝されている。助力を相互に愛情・友情・尊敬などにもとづいて与え合う社会は繁栄し幸福である。

## 「見えざる手」は相互に害し合う人々の間では機能しない

「見えざる手」はアダム・スミス『国富論』の用語法であり、『道徳情操論』には「見えざる手」の用語はないものの、「見えざる手」を意味している記述が以下の通りある。すなわち、スミスは「社会は、（中略）異る人々の間において、何ら相互的愛情とか愛着とかがなくとも、お互いのもつ効用の感覚から存立することができる。そしてその社会に住むものが誰一人としてお互に何らの義務を感ぜず、あるいはお互いに何ら感謝の気持ちで結ばれていないとしても、なお社会は、合意的な価値評価にもとづくめいめいの尽力の欲得ずくの交換によってもこれを維持することができるのである。」（訳書二〇三〜二〇四頁）と述べている。つまり、愛情・友情・尊敬などにもとづいて与え合う助力がなくても、「合意的な価値評価にもとづくめいめいの尽力の欲得ずくの交換」（市場メカニズム）があれば、社会は維持できる。

ただし、スミスは「しかしながら、社会は不断に相互に傷けあい、害しあおうと待ち構えているような人々の間では存立することは不可能である。」（訳書二〇四頁）と述べていて、市場メカニズム

（「見えざる手」）による社会の維持は、「不断に相互に傷けあい、害しあおうと待ち構えているような人々の間」では困難であると論じている。

## 「仁恵は装飾品 vs. 正義は土台石」と社会の存立

スミスは「それ（仁恵――引用者注）は社会という構築物を飾りたてる装飾品ではあるが、それを支える土台石ではない。したがってそれはこれを推奨すれば足りるので、決して強いて課する必要はないのである。これに反して、正義は社会の全殿堂を支える大黒柱である。もしも正義が取り除かれたならば、人間社会という巨大な構築物、（中略）は瞬時にしてばらばらに土崩瓦壊しなければならない。」（訳書二〇四頁）と述べている。つまり、第一に仁恵は正義に比べて社会の存立のために本質的なものではない。社会は、仁恵がなければ住み心地のいい状態ではないかもしれないが、仁恵がなくても存立する。しかし、正義がなければ、社会は完全に崩壊する、第二に自然は仁恵を褒賞に価いするという理由で奨励しているが、仁恵を怠ったときに処罰が加えられるという恐怖心を抱かせることによって、仁恵の実行を強制する必要があるとは考えていない、第三に正義に対する注意力を強化するために、自然は、正義を犯した場合に悪いことをしたという意識、相当の懲罰に対する恐怖心などを人の心の中に植え付けて、弱者を保護し、乱暴者を抑制し、犯罪者を膺懲する。

## 秩序のある社会は気持ちいい vs. 秩序のない社会は遺憾

第一に秩序のある社会は気持ちのいいものであり、喜びを感じる。これに反して、秩序のない社会は反感の対象であり、遺憾を感じる、第二に我々は幸福および生存維持が秩序のある社会にもとづいていることを鋭敏に感じているので、社会を破壊に導くものに対して強い嫌悪の情を抱き、社会の無秩序を阻止しうるあらゆる手段を採用することに賛成する。

## 社会全体に対する関心 vs. 個人に対する関心

スミスは「ある一人の人間が傷けられたり殺されたりした場合、われわれは社会の一般的な利害関係を考慮するためにその人に加えられた悪事の処罰を要求するのではなくて、むしろ危害を受けた当の個人だけの問題としてかような処罰を要求する。」（訳書二一〇頁）と述べている。つまり、「社会全体に対する関心 vs. 個人に対する関心」について、第一に個人の運命・幸福に対する我々の関心は、社会全体の運命・幸福に対する我々の関心から発生するものではない、第二に社会全体の運命・幸福に対する我々の関心は、社会全体を構成している各個人の運命・幸福に対する我々の関心から合成されている。

## 社会の秩序と宗教

社会の秩序は、現世における不正の処罰以外の方法をもってしては維持できないにもかかわらず、第一に我々は社会の秩序を維持するために不正が必ずしも現世においてのみ罰せられねばならないとは考えていない、第二に自然は我々に不正があの世の生活において罰せられることを期待するように教え、そして宗教は我々のこのような期待を正当と認めている。これに関連して、スミスは「これまでこの世にあらわれたあらゆる宗教、あらゆる迷信においては、極楽とならんで地獄が存在している。いいかえるなら、正しい者を褒賞するための場所とともに極悪なるものを罰するために設けられた場所が見受けられるのである。」（訳書二一三頁）と述べている。

### ポイント

1 我々はお互いに助力を必要としている。
2 「合意的な価値評価にもとづくめいめいの尽力の欲得ずくの交換」（市場メカニズム）があれば、社会は繁栄し幸福である。
3 「見えざる手」は相互に害し合う人々の間では機能しない。
4 社会は仁恵がなくても存立するが、正義がなければ崩壊する。
5 仁恵は褒賞に価いするという理由で奨励しているが、仁恵の実行を強制する必要はない。

6　正義を犯した場合の懲罰に対する恐怖心を人の心の中に植え付けて、弱者を保護する。

7　人は自己に敏感であり、他人に鈍感である。

8　秩序のある社会は喜びを感じ、秩序のない社会は遺憾を感じる。

9　社会全体の運命・幸福に対する我々の関心は、社会全体を構成している各個人の運命・幸福に対する我々の関心から合成されている。

10　不正は現世においてのみ罰せられるのではなく、あの世の生活においても罰せられる。

# 心の意図・性向のみが称賛・非難の基礎

## 「称賛 vs. 非難」の三つの判断項目――意図、行為、結果

ある行為に対して、いかなる称賛・非難が相当しうるのかは、次の三つの項目によって判断されている。

(1) 行為を生じさせた心の意図または性向
(2) 身体の外部的な行為または運動
(3) 実際上の結果の良い・悪い

しかし、右記三つの判断項目のうち、「身体の外部的な行為または運動」「実際上の結果の良い・悪い」の二つは称賛・非難の基礎にはなりえず、「行為を生じさせた心の意図または性向」したがって

計画の道徳的適正・不適正、計画の慈善性・有害性のみが正当な称賛・非難（是認・否認）の基礎になりえる。

## 「称賛 vs. 非難」の「公明正大な原則 vs. 実際」

スミスは、一方で、「公明正大な原則」について、「行為を生じさせた心の意図または性向」のみが称賛・非難の基礎になることができ、行為の実際の結果（偶然の結果、意図されない結果、予期しない結果）がいかに異なっていても、行為を起こさせた意図・性向が一面において同様に適正であり、また同様に仁恵であるとか、あるいは他面において同様に不適正であり、また同様に意地の悪いものであるとかすれば、行為の功績または罪過は同一であると論じ、他方で、「実際には」と言うことで、「われわれはその原則のもつ真理をいかによく了解したようにみえても、われわれが特定の事例に臨んだ場合には、ある行為の偶然にもたらす現実の結果は、その行為の功績または罪過に関するわれわれの情操に非常に大きな影響を及ぼし、ほとんど常にわれわれの功績感を高めたり、低めたりする。」（訳書二一九頁）と述べている。

スミスは、右記のような「称賛 vs. 非難」の「公明正大な原則 vs. 実際」のことを「情操の不規則性」と呼んでいる。

ポイント

1 「行為を生ぜしめた心の意図または性向」のみが称賛・非難の基礎になりえる。
2 行為を起こさせた意図・性向が同様であるとすれば、行為の功績または罪過は同一である。

# 怒らせる三つの態度は軽蔑、不合理、利己心

第三篇第一章「運がもたらすこのような影響の諸原因について」

## 「情操の不規則性」を起こさせる原因――「運」

「行為を生じさせた心の意図または性向」によってのみ判断するという「公明正大な原則」と、「実際上の結果の良い・悪い」によって判断する「実際」との食い違い、つまり「情操の不規則性」の原

因は「運」である。

## 感謝・報復感の対象

感謝・報復感の完全にして適切なる対象となるには、以下の三つの特質を具えていなければならない。

(1) 感謝の対象となるには快楽の原因でなければならず、報復感の対象となるには苦痛の原因でなければならない。

(2) 感謝の対象となるには快楽を感じることのできるものでなければならず、報復感の対象となるには苦痛を感じることのできるものでなければならない。

(3) 感謝・報復感の対象となるには、快楽・苦痛といった感覚を造出するための一定の目標がなければならず、しかもその目標を快楽については誰でも是認するものでなければならず、苦痛については万人が否認するものでなければならない。

## 「感謝・返報 vs. 報復感・復讐」の目的

（1） 感謝・返報の目的

我々が恩恵を施してくれた人に対して感謝をするのは、我々が恩恵を施すだけの価値のある人であったことに喜びを感じさせたいからである。恩恵を施してくれた人から新しい恩恵を無理矢理に獲得しようとする感謝は「感謝の押売」（訳書二二三頁）と呼ばれ、軽蔑される。

我々が恩恵を施してくれた人に返報をしたいのは、その人の心の中に我々が恩恵を施すだけの価値のある人であったという喜びをいつまでも維持してもらいたいからである。

（2） 報復感・復讐の目的

我々が危害を加えた人に対して報復したいのは、加害者に逆に苦痛を感じさせるだけではなく、我々が危害を加えられるような人でなかったことを後悔させたいからである。

復讐の目的は、第一に他人のことに関してもっと正しい感覚をもつようにさせること、第二に我々に対する責任を感じさせること、第三に我々に加えた過ちを悟らせることである。

## 我々を怒らせる三つの態度――軽蔑、不合理、利己心

我々を怒らせるものは、我々を傷つけ、辱しめる人の以下の三つの態度である。

(1) 我々に対する軽蔑の態度
(2) その人自身を我々よりも大切であると思っている不合理な態度
(3) その人の便宜・気儘のために我々をいつでも犠牲にしても構わないと考えている利己心

**ポイント**

1　新しい恩恵を無理矢理に獲得しようとする感謝は「感謝の押売」と呼ばれる。
2　我々が危害を加えた人に対して報復したいのは、我々が危害を加えられるような人でなかったことを後悔させたいからである
3　我々は傷つけられ、辱しめられれば怒る。

# 悪い情報の伝達者は不愉快、良い情報の伝達者は愉快

第三篇第二章「運の与えるこのような影響の範囲について」

## 「運」が感覚に与える影響

「運」(「情操の不規則性」)の及ぼす影響の範囲として、以下の二つがある。

(1) 運の与える影響①:称賛すべき意図・性向 vs. 非難すべき意図・性向

「行為を生じさせた心の意図または性向」がいかに称賛すべき意図・性向、あるいは非難すべき意図・性向であったとしても、人々の行為が「運」のために自らの予期した効果を収めることができなかった場合、それらの行為の功績・罪過に関する我々の感覚は減退する。

ある人の意図が適正であり仁恵的であるとしても、その人の行為の結果が意図する結果を実現することに失敗したとすれば、その人の功績は不完全である。

ある人の意図が不適正であり悪意に満ちたものであるとしても、その人の行為の結果が意図する結

果を実現することに失敗したとすれば、その人の罪過は大したものでない。

### （2）　運の与える影響②：異常な快楽 vs. 異常な苦痛

行為が「運」により異常な快楽または苦痛を起こさせた場合、それらの行為を行わせる意図・性向に相当する程度以上に、それらの行為の功績・罪過に関する我々の感覚は増大する。

行為が「運」により異常な快楽を起こさせた場合、それらの行為を行わせる意図・性向に相当する程度以上に、それらの行為の功績に関する我々の感覚は増大する。行為のもたらす愉快な結果は、たとえ行為の意図に何ら褒賞に価いするものが含まれていなかったか、あるいは少なくとも我々が授けようと欲する程度の褒賞に価いするものが含まれていなかったとしても、行為者の上に功績の陰影を投げかける。

行為が「運」により異常の苦痛を起こさせた場合、それらの行為を行わせる意図・性向に相当する程度以上に、それらの行為の罪過に関する我々の感覚は増大する。行為のもたらす不愉快な結果は、たとえ行為の意図に何ら非難に価いするものが含まれていなかったか、あるいは少なくとも我々が授けようと欲する程度の非難に価いするものが含まれていなかったとしても、行為者の上に罪過の陰影を投げかける。

## 世話をしようとして成功した人 vs. 世話をしようとして失敗した人

一般には、我々は、世話の成功・不成功のいかんにかかわらず、世話をしようとした人には義理を感じるものであると言われている。しかし、人間は不公正であるので、第一に世話をしようとして失敗した人は世話をしてもらった人の友人とみなされ、その人から愛情を受ける資格がある、第二に世話をしようとして成功した人は世話をしてもらった人の恩人とみなされ、その人から尊敬・感謝を受ける資格がある。

## 悪事を未遂に終わった人 vs. 悪事を完遂した人

ある人の意図が悪意に満ちたものであるとしても、悪事を未遂に終わった人の罪過は悪事を完遂した人の罪過より大したものでない。

## 悪い情報の伝達者 vs. 良い情報の伝達者

我々にとっては、悪い情報の伝達者は不愉快な存在であり、一瞬間、悪運の創作者（悲しみを産んだ最初の人）とみなされ、自然に一時的な報復感の対象となる。良い情報の伝達者は愉快な存在であり、一瞬間、幸運の創作者（喜びを産んだ最初の人）とみなされ、自然に一時的な感謝の対象となる。つまり、伝達者がたんに我々に説明したにすぎない出来事を、我々は伝達者が実際に実現したかのようにとらえる。

## 懲罰に価いする怠慢

何らの損害も与えないけれども、何らかの懲罰に価いする程度の「怠慢」は存在する。塀を越えて街路上に大きな石が投げ出されたとき、その石が誰にも傷害を与えなかったとしても、かくも非常識な行為は罰せられるに違いない。

法律においては、著しい怠慢は悪意のある計画にほとんど等しいと言われている。つまり、不注意から何らかの不幸な結果が起こった場合、責任のある人は、あたかも、その人がこのような結果をもたらすように現実に意図していたかのように罰せられることがしばしばある。

**ポイント**

1　「運」の良い・悪いにより、行為の功績または罪過に関する感覚を増大させる。
2　意図の適正・不適正のいかんにかかわらず、意図する結果を実現することに失敗したとすれば功績・罪過は大したものでない。

3 世話をしようとして失敗した人は友人とみなされ、成功した人は恩人とみなされる。
4 悪事を未遂に終わった人の罪過は完遂した人の罪過より大したものでない。
5 悪い情報の伝達者は不愉快な存在であり、良い情報の伝達者は愉快な存在である。
6 著しい怠慢は悪意のある計画にほとんど等しい。

# 世間が結果によって判断し、計画によって判断しないことは不平の種

第三篇第三章「このような情操の不規則性の起こる究極の原因について」

## 「結果による判断 vs. 計画による判断」は不平の種

スミスは、「公明正大な原則」と「実際」の食い違い、つまり「情操の不規則性」を「運」ととら

え、「世間は結果によって判断し、計画によって判断しないという事実は、いつの代にも不平の種であり、美徳の力を大いに阻喪せしめる原因である。」（訳書二四三頁）と述べている。

## 行為の結果の「良い vs. 悪い」と情操

行為の結果（良い結果・悪い結果）は行為者以外の我々の情操に影響を及ぼす。一方で「結果は行為者の力だけではどうすることもできない以上、それは行為者の行為の功績または道徳的適正に関するわれわれの情操に何らの影響をも与えてはならない」（訳書二四三頁）という公正な格言にすべての人は同意するが、他方で結果の良い・悪いは我々の情操に影響を及ぼす。

すなわち、行為の実際上の結果の「良い vs. 悪い」は、第一に行為を支配した思慮分別に関して、我々に良い意見を抱かせたり、悪い意見を抱かせたりする傾向がある、第二に我々の感謝・報復感、計画の功績・罪過に関する我々の感覚に生気を与える。

ポイント

1　「公明正大な原則」と「実際」の食い違いは「運」である。
2　結果の良い・悪いは我々の情操に影響を及ぼす。

# Ⅲ　平静・享楽は幸福の源泉

第三部「自分自身の情操と行為に関するわれわれの判断の基礎について、ならびに義務の感覚について」

第三部「自分自身の情操と行為に関するわれわれの判断の基礎について、ならびに義務の感覚について」は六つの章からなっている。第一章「自己是認と自己否認の原理について」は情操・行為の道徳的適正・不適正の判断は、自己を社会の中に置き、他人の眼にどのように映るかを想像することから始まると論じている。第二章は人は「愛されたい」「愛すべきものになりたい」と欲し、「憎まれる」「憎むべきものになる」ことを恐れる、また人は「称賛される」「称賛に価いする」ことを欲し、「非難される」「非難に価いする」ことを恐れると論じている。また、仲間が是認する場合には喜びを感じ、否認する場合には心を傷め、非難攻撃する場合には心を悩まし、称賛する場合には得意になると指摘している。第三章「良心の作用と権威について」は利己心の衝動を抑制するものは「良心」であり、また判断を歪曲する原因は「公平無私なる見物人が遠方にいる」こと、あるいは「自身の利己的な諸情感の暴威と不正」であると論じている。第四章は「自己欺瞞は致命的な弱点であり、人生における諸混乱の源泉であると論じている。第五章は「道徳の一般原則」に対して尊重の念を有しておれば高潔な人、有していなければくだらぬ人であると論じている。第六章「いかなる場合に義務の感覚がわれわれの行為の唯一の原理とならねばならぬか、またいかなる場合にそれが他の諸動機と一緒になって作用しなければならぬか」は義務の感覚は抑制するために用いられる方が快活であると論じている。

# 自己の情操・行為を他人の眼を借りて眺める

## 第一章「自己是認と自己否認の原理について」

### 「自己vs.他人」の情操・行為の是認・否認

我々は、他人の事情を充分熟知した上で、他人の行為を支配した情操に同情できるならば他人の行為を是認し、他人の行為を支配した情操に同情できなければ他人の行為を否認する。

そして、我々が自己の情操・行為を是認・否認する原理は、我々が他人の情操・行為を是認・否認する原理とまったく同一である。つまり、第一に我々は他人の眼を借りて自己の情操・行為を眺める、第二に我々は自己の情操・行為をすべての公平無私なる見物人が検討する方法でもって、自己の情操・行為を検討する。

## 自己是認・自己否認と「孤立した自己 vs. 社会の中の自己」

孤立した生活をしていれば、自己の容姿の美醜を判断できない。容姿の美醜の判断は、自己を社会の中に置き、他人の容姿・容貌と比べることから始まる。同様に、孤立した生活をしていれば、自己の情操・行為の道徳的適正・不適正（「心の美醜」）を判断できない。情操・行為の道徳的適正・不適正の判断は、自己を社会の中に置き、他人の眼にどのように映るかを想像することから始まる。

## 自分を二つの人物に分割——見物人 vs. 我々

我々は、自己の情操・行為を是認・否認するときに、一人二役、つまり「見物人 vs. 我々」あるいは「裁判する人 vs. 裁判される人」といった二役をつとめる。第一の役は見物人・裁判する人（第三者）であり、我々は、自分自身を見物人・裁判する人の立場に置くことによって、見物人・裁判する人が我々の行為に関して抱いている情操へつとめて移入しようと努力する、第二の役は我々・裁判される人（本人）であり、我々は、見物人・裁判する人の性格を装って、我々の行為に関して何らかの意見をまとめ上げようと努力する。

ポイント

1　他人の行為を支配した情操に同情できるならば他人の行為を是認し、同情できなければ否認する。

2　我々は自己の情操・行為を他人の眼を借りて眺める。

3　情操・行為の道徳的適正・不適正の判断は、自己を社会の中に置き、他人の眼にどのように映るかを想像することから始まる。

## 「称賛・非難される」はあるがまま vs.「称賛・非難に価いする」はあるべき

第二章「称讃または称讃に価いすることを愛し、非難または非難に価いすることを恐れることについて」①

### 「愛されたい」「愛すべきものになりたい」を欲する vs.「憎まれる」「憎むべきものになる」を恐れる

人間は「愛されたい」「愛すべきものになりたい」「愛の自然にして適切なる対象になりたい」と欲するものである。また、人間は「憎まれる」「憎むべきものになる」「憎悪の自然にして適切なる対象になる」ことを恐れる。

### 「称賛・非難される」はあるがまま vs.「称賛・非難に価いする」はあるべき

人間は「称賛される」「称賛に価いする」「称賛の自然にして適切なる対象になる」ことを欲する、また、人間は「非難される」「非難に価いする」「非難の自然にして適切なる対象になる」ことを恐れる。

（1）「称賛される」vs.「非難される」

「称賛される」・「非難される」は、他人が我々の性格・行為に関して現実にいかなる情操を抱いているかということを表している。

（2）「称賛に価いする」vs.「非難に価いする」

「称賛に価いする」・「非難に価いする」は、他人が我々の性格・行為に関して当然いかなる情操を抱かねばならないかということを表している。

スミスは「称讃を求めもしくは称讃に価いする行為を行おうとして非常にあせる態度を見せることは、偉大な叡智を示す徴候ではなくて、一般にある程度の弱さを示す徴候である。」（訳書二八七頁）「非難もしくは悪口の暗影を熱心に避けようとする態度には、何らの弱さも見られないばかりでなく、しばしば、最も称讃に価いする用心深さが見られるであろう。」（訳書二八七〜二八八頁）と述べている。

## 称賛に価いする行為を行いたい vs. 称賛を得たい

右に示したように、「称賛に価いする行為を行いたい」「称賛を得たい」は二つの異なった原理である。しかし、実際のところ二つの原理は区別しがたいので、我々の行為が、「称賛に価いする行為を行いたい」原理によってどの程度支配されているのか、「称賛を得たい」原理によってどの程度支配されているのかは、我々にとっても、他人にとっても不明である。

我々の行為の功績を好意的に考えたくない人は、我々の功績を「称賛を得たい」欲望（「虚栄心」）のせいにしようとし、我々の行為の功績を好意的に考える人は、我々の功績を「称賛に価いする行為を行いたい」欲望のせいにしようとする。

## 「称賛される」「称賛されるに価する」——称賛の「根拠あり vs. 根拠なし」

(1)「称賛される」・「称賛されるに価する」：称賛の根拠あり

第一に我々は、称賛の根拠がある中で称賛されたときに、喜ぶことができる、第二に我々は、称賛に価いすることを証拠立てるものがあるときは、たとえ何らの称賛を実際に受けなくとも、自分自身を称賛の自然の対象になしたと考え、喜ぶことができる。

(2)「称賛される」・「称賛されるに価する」：称賛の根拠なし

称賛に価いすることを証拠立てるものがないにもかかわらず、我々は無智・錯覚から称賛されることがある。これに関して、スミスは「そのような根拠のない讃辞に喜ぶのは、最も皮相な軽薄さ、ないし弱さの証拠である。これを虚栄と呼ぶのはまことに適切で、最も笑うべきまた最も軽蔑すべき諸々の悪徳、すなわち生意気の悪徳と一般的な虚偽の悪徳の根源であり、また諸々の愚昧（中略）の根源である。」（訳書二六七頁）と述べている。称賛の根拠がないときには、我々は真心をもって称賛されたとしても、それに浮かれ喜ぶことは悪徳と見なされるのである。

## 称賛に対する賢明な向き合い方

賢明な人は、第一に称賛に価いすることを証拠立てるものがない場合に称賛されても、ほとんど喜びを感じないかもしれない、第二に称賛に価いすることを承知している事柄を行う場合に、たとえ何らの称讃を与えられないことをよく承知しているとしても、最高の喜びを感じる。これに関して、スミスは「かれ（賢明な人——引用者注）は自分自身の行為があらゆる点において完全に道徳的に適正であることに関して、最も完全な確信をもつ場合でなければ、そのような栄誉を得たいという気持ちには決してならない。この場合、かれの自己是認は他の人々の是認によって確認される必要を毫も認めない。かれの自己是認はそれだけで十分であり、かれはそれに満足する。」（訳書二七一～二七二頁）と述べている。

## 「非難される」vs.「非難に価いする」——非難の根拠あり

非難に価いすることを証拠立てるものがあるときは、たとえ何らの非難を実際に受けなくとも、我々が自分自身を非難の対象になしたと反省することは、我々にとって苦しいことである。そして、スミスは「われわれの恐れるのは、憎まれること、軽蔑されることの想念よりもむしろ憎むべきもの、軽蔑すべきものになることの想念である。」（訳書二七二頁）と述べている。

## 「正しい称賛 vs. 正しい非難」と「不相応な称賛 vs. 不相応な非難」

第一に感受性の鋭い人は、正しい称賛を受けて良い気分になるよりも、正しい非難を受けて悪い気分になる傾向のほうがはるかに多い、第二に賢明な人は、不相応な称賛を軽蔑して退けるが、不相応な非難を受けた場合は、きわめて厳しく不正を感じる。

不相応な非難は、人並み以上の精神力をもつ人々でさえも、非常に厳しく苦しめられることがある。つまり、たとえ我々が自分自身の潔白を完全に意識していても、汚名を着せられること自体が、我々自身の想像のうちにおいてさえ、不名誉の陰影を投げかけられるのである。

## 「是認されたい」欲望vs.「是認されなければならない」欲望

人間は、是認されたいという欲望ばかりでなく、当然是認されなければならないもの（是認に価いするもの）になりたいという欲望を有している。教養の豊かな人の心の中では、「是認されなければならない」欲望は「是認されたい」欲望よりも強い。

（1）「是認されたい」
「是認されたい」の欲望だけでは、第一にたんに人間をして社会に適応するような外観を装いたいと希望させうるにすぎない、第二に人間を促して美徳を気取らせ、悪徳を隠させることができるにすぎない。

（2）「是認されなければならない」
「是認されなければならない」の欲望は、第一に人間をして真に社会に適応したいと切望させるために、必要欠くべからざるものである、第二に人間に美徳に対する真の愛情を鼓吹し、悪徳に対する真の嫌悪を吹き込むために必要欠くべからざるものである。

## ポイント

1　人は「愛されたい」「愛すべきものになりたい」と欲し、「憎まれる」「憎むべきものになる」ことを恐れる。

2　人は「称賛される」「称賛に価いする」ことを欲し、「非難される」「非難に価いする」ことを恐れる。

3　称賛に価いすることを承知している事柄を行う場合に、たとえ何らの称賛を与えられないとしても、喜びを感じる。

4　称賛に価いすることを証拠立てるものがない場合に称賛されても、ほとんど喜びを感じない。

5　非難に価いすることを証拠立てるものがあるときは、何らの非難を実際に受けなくとも、我々を苦しめる。

6　我々が恐れるのは「軽蔑される」ことよりも、「軽蔑すべきものになる」ことである。

7　名声を死後に得るために生命を投げ出すことがある。

8　「是認されなければならない」という欲望は美徳に対する真の愛情を鼓吹し、悪徳に対する真の嫌悪を吹き込む。

9　不相応な非難には非常に厳しく苦しめられる。

# 「競争心」は他人の優越性を感嘆することから始まる

第二章「称讃または称讃に価いすることを愛し、非難または非難に価いすることを恐れることについて」②

## 競争心は他人の優越性を感嘆することから始まる

我々が情操・行為を是認する人々に対して自然に感じる愛情・感嘆は、必然的に我々をして、同様の快的な情操の対象になりたいと欲する気持ちを抱かせる。つまり、我々が抜きん出たいという熱心な願望、すなわち「競争心」は、他人の優越性を感嘆することから始まる。

## 名声を死後に得るために生命を投げ出す

スミスは「多くの人々は、死んだ後においてはもはや楽しむことのできないはずの名声を死後に得るために、進んでその生命を投げ捨てたのであった。かれらはその瞬間にあっては、想像力をはたらかせることによって未来においてかれらに与えらるべき栄誉を予期していたのである。かれらの耳に鳴り響いてくるのを決して聞くことのできない拍手喝采、いかなる作用を及ぼすかは決して感ずることのできないあの感嘆に関する想念、それらのものがかれらの胸中から、あらゆる自然の恐怖の中でも最も強力な恐怖を追い払ってくれ、ほとんど人間の本性の領域以外に属するように思われる諸行為を行わせるようにかれを鼓舞したのである。」（訳書二六九〜二七〇頁）と述べている。

宗教だけが来世の思想を提供することができ、来世は現世に比較してはるかに公平無私であり、はるかに人間愛にあふれ、またはるかに正義に満ちた世界であるとスミスは考えていた。

## 自然の創造主は人間を社会に適するように造る

全智全能の自然の創造主は、人間を社会に適するように造るに際し、以下の三つのことを行っている。

(1) 人間に自分の仲間のものを喜ばせたいという原本的な（生まれつきもっている）欲望、自分の仲間のものを怒らせることを嫌う原本的な反感を賦与している。

(2) 人間に自分の仲間のものから好意的に見られることに喜びを感じ、自分の仲間のものから非好意的に見られることに苦痛を感ずるように教えている。

(3) 人間に自分の仲間の是認を最も愉快であり、最も気に入るように仕向け、また自分の仲間の否認を最も悩ましい、最も腹立たしいものに仕向け、仲間の情操・判断を尊重するように教えている。

## 数学者・自然哲学者 vs. 詩人・文芸家

（1） 数学者・自然哲学者

スミスは「数学者ならびに自然哲学者は、全く与論に支配されないで、かれら自身の名声を維持するとか、あるいはかれらの競争者の名声を下落させるとかするために、自ら結集して徒党を組んだり、派閥をつくったりする傾向をほとんどもたない。（中略）かれらの著作が世間から認められれば喜び、またかれらの著作が世間から無視されたからといって別に大して口惜しがったり、あるいは非常に怒ったりはしない。」（訳書二八三頁）と述べている。つまり、数学者ならびに自然哲学者は、まったく与論（世論）に支配されることなく、自ら結集して徒党を組んだり、派閥を作ったりしない。

(2) 詩人・文芸家

スミスは「かれら(詩人・文芸家――引用者注)はきわめて容易に一種の文学的派閥に分裂する傾向があり、すなわち各々の流派はしばしば公然と、しかしほとんど常に隠然と他のすべての流派の評判をくつがえそうとする恐るべき敵であり、自分の仲間の著作にとって有利に、しかし自分の敵や競争相手の著作にとって不利に与論を先導するために、あらゆる下劣なる手段を用いて権謀術策をめぐらし、誘惑買収を事とする。」(訳書二八三頁)と述べている。つまり、詩人・文芸家は容易に文学的派閥に分裂し、下劣な権謀術策をめぐらして、敵対派閥を陥れようとする。

## 他人の意見を知りたがる理由

我々が自らの功績に関する他人の意見をしきりに知りたがる理由は、一つは我々が自らの功績に関して自信がもてないこと、もう一つは我々が自らの功績を欲目に見ていいほうに解釈したがることである。

## 外部的人間は下級の裁判 vs. 内部的人間は上級の裁判――裁判権

スミスは「外部的人間の裁判権は、完全に現実の称讃に対する欲求と現実の非難に対する反感とにもとづいている。内部的人間の裁判権は、完全に称讃に価いすることに対する欲求と非難に価いすることに対する反感とにもとづいている。」（訳書二八八～二八九頁）と述べている。つまり、自然の創造主は一人ひとりの人間を人類全体の直接の裁判官に作り上げたのであるが、裁判権には「称賛される」「非難される」に関わるものと、「称賛されるに価いする」「非難に価いする」に関わるものがあり、外部的人間の裁判権は「称賛される」「非難される」に関するもの、内部的人間の裁判権は「称賛されるに価いする」「非難に価いする」に関わるものである。

スミスは、「称賛される」「非難される」に関わる法廷を下級、「称賛されるに価する」「非難に価いする」に関わる法廷を上級とみなし、「称賛されるに価する」「非難に価いする」に関わる法廷を「良心の法廷」「想像上の公平無私にして博識精通の見物人の法廷」「胸中にひそんではいるが、しかしかれらの行為の偉大なる裁判官であり、調停者である人間の法廷」（訳書二八八頁）と呼んでいる。

**ポイント**

1　「競争心」は他人の優越性を感嘆することから始まる。
2　宗教だけが来世の思想を提供することができる。
3　数学者・自然哲学者は世論に支配されないが、詩人・文芸家は一種の文学的派閥に分裂する傾向がある。
4　自らの功績に関して他人の意見を知りたがる理由は自信をもっていないからであ

る。

5　我々の功績を好意的に考えたくない人は「称賛を得たい」欲望のせいにし、好意的に考える人は「称賛に価いする行為を行いたい」欲望のせいにする。

6　「称賛を求める」「称賛に価いする行為を行う」ことにあせることは弱さを示す徴候であり、「非難を避ける」ことには称賛に価いする用心深さが見られる。

7　仲間が是認する場合には喜びを感じ、否認する場合には心を傷め、非難攻撃する場合には心を悩まし、称賛する場合には得意になる。

8　自然の創造主は一人ひとりの人間を人類全体の直接の裁判官に作り上げている。

9　相反する利害関係を正当に眺めるには、第三者の眼をもって観察しなければならない。

# 利己心の衝動を抑制するものは「良心」

第三章「良心の作用と権威について」①

## 相反する利害関係を正当に比較——内部的裁判官

我々が相反する利害関係の当事者であるとき、これを正当に眺めるには、我々自身の眼（肉眼、心眼）あるいは相手方の眼で眺めてはならない。どちらに対しても何ら特別の関係をもたない、しかも我々の間の関係を公正に判断する第三者（「内部的裁判官」）の立場から、またこのような第三者の眼（道徳的適正の感覚ならびに正義の感覚）をもって観察しなければならない。

## 受動的諸感情 vs. 能動的諸感情

「受動的諸感情」（自分の身にふりかかる出来事が引き起こす感情）は貪欲で、利己的であり、「能動的諸感情」（自分に直接関係しない出来事が引き起こす感情）は寛大で、高貴である。我々は受動的諸感情に強く影響されるが、その行為はしばしば能動的諸感情によって規定される。

## 利己心の衝動を抑制するものは「良心」

スミスは「最も強力な利己心の衝動を抑制するものは、人間愛といったようなやさしい力でもなく、自然が人間の心に点じておいた仁愛というような弱い火花でもない。そのような場合に作用するものはもっと強い力であり、もっと強制力のある動機である。それは理性であり、原理であり、良心であり、胸中の居住者であり、内部的人間であり、われわれの行為の偉大なる裁判官であり、調停者である。」（訳書三〇一～三〇二頁）と述べている。つまり、利己心の衝動を抑制するものは、人間愛、仁愛ではなく、「理性」「原理」「良心」である。

「良心」によって、我々は以下のことができる。

(1) 自分自身ならびに自分自身に関係するすべての事柄が実際にくだらぬものであるということを学ぶことができる。

(2) 利己心の自然に陥りやすい誤った考え方を矯正することができる。

(3) 自身の最大の利益を、他人のもっと大きな利益のために放棄することの道徳的適正、ならびに自身が最大の利益を得るために他人に対して最少限度の危害を与えることの醜悪性を示すことができる。

## 神聖な規則――多数の利益 vs. 一人の利益

スミスは「たとえ他人を傷つけることによってある一人の人間のえられる利益が、他人に対して加えられる傷害または危害にくらべてはるかに大きかろうとも、その人間はいかなる他の人間よりも自分自身をはるかに尊重するのあまり、自分自身に利益を与えようとして決してそれらの他人を傷つけたり、害を加えたりしてはならないのである。」（訳書三〇三頁）と述べている。例えて言えば、貧困者が金持ちから窃盗した場合に、貧困者にとっての利益の程度が金持ちにとっての損失の程度に比較していかに大きいとしても、人間社会のすべての安全、すべての平和は神聖な諸規則をどう遵守するかにかかっているので、貧困者は決して金持ちから盗んだりしてはならないということである。

## 二種類の私的な不幸――感情の道徳的適正の範囲

我々の感情が道徳的適正の範囲を越えたり、越えなかったりする私的な不幸には、以下の二種類がある。

（1）我々にとくに親しいある別の人間（例えば、両親、子供、兄弟姉妹、親友など）をまずもって悲観させることによって、間接的に我々にふりかかる不幸

間接的に我々にふりかかる不幸にあっては、我々の感情は道徳的適正の範囲を越えたり、越えなかったりする。

（2）我々の身体（苦痛、病気など）、運命（死期が迫っているなど）、名声（貧困、不名誉など）の点で、直接的に我々を悲観させる不幸

直接的に我々にふりかかる不幸にあっては、道徳的適正の感覚は、我々の感受性の不足によるよりもむしろ感受性の過多によってはるかにひどく害される。

## 親切な性向──過大 vs. 過小

（1）過大な親切な性向

スミスは「親切な愛情が過度に示された場合には、最も他人の感情を害しやすいのであるが、しかしそのような過度の愛情はたとえ非難すべきものにみえても、決して嫌悪すべきものとはみえないのである。」（訳書三一〇頁）と述べ、例証として、以下の三つを挙げている。第一の例証は子供についてであり、我々が自分の子供を可愛がり過ぎても、これを咎めるものはいない。第二の例証は両親に

ついてであり、我々が自分の両親に孝養をつくしているように見せかけると世間から怪しまれるが、これを咎めるものはいない。第三の例証は未亡人についてであり、未亡人がわざとらしい悲しみを装っても、世間から薄情のように疑われるが、これを咎めるものはいない。

以上三つの例証は、完全に是認されるわけではないが、その誠実味さえ信ずることができ、厳しく咎められるものではない。

(2)　過小な親切な性向

スミスは「普通に見られる過度の愛着心が不足している場合には、われわれは常にこれを嫌悪すべきものと考える。」(訳書三一〇頁)と述べ、例証として、子供を取り上げている。つまり、自分の子供に対して何らの感情を抱かないばかりか、不相応に厳しくかつ手荒に取り扱うのは嫌悪すべきものとみなされる。

**ポイント**

1　「受動的諸感情」は貪欲で、利己的である、「能動的諸感情」は寛大で、高貴である。

2　利己心の衝動を抑制するものは「良心」である。

3　すべての安全、すべての平和は神聖な諸規則をどう遵守するかにかかっている。

4　過度に親切な愛情は非難すべきものにみえても、決して嫌悪すべきものではない。
5　普通に見られる過度の愛着心の不足は常に嫌悪すべきものである。

# 生まれたときからの貧困者と金持ちから没落した貧困者は異なる

第三章「良心の作用と権威について」②

## 単なる貧困者 vs. 金持ちから没落した貧困者

生まれたときからの単なる貧困者と、金持ちから没落した貧困者は異なる。

### (1)　単なる貧困者

スミスは、単なる貧困者について、「単に幸運に恵まれなかったり、単に貧乏だったりすることは、ほとんど同憂の念を起こさせない。そのために不平をならべても、それは同類感情の対象となるよりもむしろ嘲笑の対象となる傾向が非常に強い。」（訳書三一二頁）と述べている。つまり、生まれたときからの単なる貧困者は嘲笑の対象となる傾向がある。

（2）　金持ちから没落した貧困者

スミスは、金持ちから没落した貧困者について、「受難者（金持ちから没落した貧困者――引用者注）に対して通常最も現実的な苦痛をもたらすと同時に、見物人に対して最も誠実味のこもった同情を起こさせるのが普通である。（中略）かえってかれの友人達の資産によって、またしばしばかれの犯した失策について最も不平をいうべき資格のある債権者自身が大目にみることによって、かれはほとんど常にたとえ粗末で平凡ではあるが、しかしある程度の品位を保ちながら生活を維持してゆくのである。」（訳書三一二頁）と述べている。つまり、金持ちから没落した貧困者に対しては、我々は同憂の念を起こす。

## 世間の称賛・非難に対する感受性――老いた人 vs. 若い人

（1）　世間の称賛・非難に対する感受性：老いた人

老いた人は、世間の愚昧と不正を長期間にわたって経験し、世間の称賛・非難に対して無視できる心構えができているので、これらを軽視する。このような無関心は老いた人の充分に確立された性格からくる確固たる自信にもとづくものである。

(2) 世間の称賛・非難に対する感受性：若い人

若い人は充分に確立された性格からくる確固たる自信をもっていないし、もつ必要もないので、老いた人の無関心ぶりに対しては不愉快に感じる。これに関して、スミスは、「われわれは青年が多少の暴力を用いても、かれが自分の性格または名誉を不当に傷つけるような不正な誹謗に対して報復する場合、しばしばその青年を尊敬する。」(訳書三一三頁)と述べている。つまり、身に覚えなくして名声を失うことは災厄であり、それに対して鋭い感受性を示しても、不愉快なものではない。

## 子供の生長と自己統制力

(1) 幼い子供

幼い子供は何ら自己統制力をもっていない。幼い子供はその抱く情感の種類(恐怖、悲哀、憤怒など)のいかんにかかわらず、つねにあらん限りの声を絞り出して泣き叫ぶことによって、注意を促そうとする。両親がやむをえず大きな声を立てて、幼い子供をびっくりさせて、おとなしくするようにさせることによって、幼い子供は攻撃的態度に出させた情感(憤怒)を抑制しなければならないことを学ぶ。

（2）　学校へ通うようになった子供

子供が学校へ通うようになると、仲間の子供たちが何ら自分の両親の示してくれたような寛大な偏愛を示してくれないことに気がつき、その子供は仲間に気に入られることを欲し、仲間から憎まれたり、軽蔑されたりすることを避けようと欲する。

## 非常に大きな家庭的不幸――赤の他人 vs. 親戚・友達

大きな家庭的不幸に悩んでいる人に対する礼儀作法は、第一に被害者は、赤の他人の前では、自分らしい態度を維持しようと努力し、また赤の他人の悪意に対して憤激し、これを軽蔑するあまり、できる限り陽気に、かつ気楽に振る舞おうと努力せざるを得ないので、赤の他人の訪問はしばらくの間禁じられている、第二に被害者は、親戚・友達の前では、一層寛大な同情を期待し、赤の他人の面前よりは抑制作用を低くする。

**ポイント**

1　生まれたときからの単なる貧困者と金持ちから没落した貧困者は異なる。

2　老いた人は、世間の称賛・非難に対して無視できる心構えができている。
3　若い人は老いた人の無関心ぶりに対して不愉快とみなす。
4　幼い子供はびっくりさせられることによって、憤怒を抑制しなければならないことを学ぶ。
5　子供が学校へ通うようになると、仲間に気にいられることを欲し、仲間から憎まれることを避けようと欲する。
6　大きな家庭的不幸に悩んでいる人は、赤の他人の前では、出来る限り陽気に、かつ気楽に振る舞おうと努力する。
7　自己統制さえできれば、悲惨・困窮を克服できる。

# 平静・享楽は幸福の源

第三章「良心の作用と権威について」③



## 平静・享楽は幸福の源――心掛けのいい人

「平静」「享楽」が幸福の源泉であり、第一に平静を失っては何らの享楽もありえない、第二に平静を完全に保っているときには、いかなるものからも享楽を得ることができる。

心掛けのいい人は、人生における日常のいかなる境遇（たとえば「貧困 vs. 富貴」「私生活 vs. 公的地位」「無名 vs. 名声」）の下にあっても、同様に平静であり、同様に享楽を得ることができ、幸福である。

逆の心掛けの悪い人について、スミスは「自分の境遇を変えようと試みるにあたって慎慮の指し図を受けなかったり、正義の許しを得なかったりすれば、そのような試みをなす人は常に、あらゆる一六勝負（ばくち――引用者注）のうちでも最も不平等な勝負を行なおうとするもので、あらゆるものをほとんど無に対して賭けるようなものである。」（訳書三二三頁）と述べている。

## 真の幸福に関して「貧困 vs. 富貴」は同じ

何の変化も期待しえない状態は「恒常的境遇」と呼ばれている。「貧困 vs. 富貴」「私生活 vs. 公的地位」「無名 vs. 名声」について言えば、貧困、私生活、無名などは一つの恒常的境遇であり、富貴、公的地位、名声などはもう一つの恒常的境遇である。真の幸福に関しては、一つの恒常的境遇と他の恒常的境遇との間には、何ら本質的な差異はない。

我々は自分達にとって永続的な境遇となったもの、それが貧困、無名であろうが、それらに対しては、遅かれ早かれ確実性をもって自ら適応できる。虚栄心・優越性といった快楽は別として、僅かに個人の自由だけしか残っていない最もみすぼらしい状態にあっても、最も華やかな状態において得ることのできるあらゆるその他の快楽を見出すことができる。

人間生活における悲惨と混乱の原因は、我々が一つの恒常的境遇（貧困、私生活、無名など）と、もう一つの恒常的境遇（富貴、公的地位、名声など）との間の差異を過大に評価することから生じる。

## 自己統制できれば、悲惨・困窮を克服できる

我々は、一瞬時、第一に公平無私なる見物人の諸情操の感化を受ける、第二に公平無私なる見物人の諸情操を実際に採用することによって、自分自身を公平無私なる見物人と一致させ、自分自身が公

平無私なる見物人になりきってしまう。

一瞬時といえども、我々の胸中には「公平無私なる見物人」が住み、我々は、この偉大なる居住者の眼をもって、絶えず自らの外部的な行為・行動、自らの内部的な情操・感情を修正する。

「公平無私なる見物人」になるように努めることが「自己統制」であり、自己統制さえできれば、悲惨・困窮を克服できる。

## 人間愛という優しい美徳 vs. 自己統制という厳しい美徳

最も完全な美徳を備えた人は、一方で他人の生得的な諸感情ならびに同情的諸感情に対して最も繊細な感受性を示す人であり、他方で自分自身の生得的な諸感情ならびに同情的諸感情を最も完全に統制する人である。

他人の生得的な諸感情ならびに同情的諸感情に対して繊細な感受性を示すことは「人間愛という優しい美徳」、自分自身の生得的な諸感情ならびに同情的諸感情を完全に統制することは「自己統制という厳しい美徳」とそれぞれ呼ばれている。

一方で自己統制という美徳を護るのに生まれつき適している人は、人間愛という美徳を獲得するにも適している、他方で人間愛という美徳をすなおに養成することのできる境遇は自己統制という美徳を形成することのできる境遇と同じではない。

## 「安楽な境遇と人間愛」vs.「困難な境遇と自己統制」

安楽な境遇にある人は人間愛という優しい美徳をもつことができ、困難な境遇にある人は自己統制という厳しい美徳をもつことができる。

困難・危険・傷害・不幸などは、我々が自己統制という厳しい美徳の錬成を修行することのできる唯一の教師である。

## 「孤独 vs. 友人・見知らぬ人」と自己統制

スミスは「孤独でいるときには、われわれは自分自身に関係の深い事柄に対してあまりにも強く感じすぎる傾きをもっている。」（訳書三三〇頁）と述べている。つまり、我々は自分が幸運に恵まれるとあまりにも有頂天になりやすく、また自分が悪運に見舞われるとあまりにも著しく落胆しやすい傾向をもっている。

友人と話をすると我々の気分は一層よく静まり、見知らぬ人と話をするといよいよ我々の気分はより一層よく静まる。これに関して、スミスは「われわれがほとんど同情や寛大を期待することのできないそのような見物人からこそ、われわれは最も完全な自己統制の教訓を学ぶことができるのである。」（訳書三三〇頁）と述べている。

## 「逆境に陥っている人 vs. 順境に立っている人」に対する教訓

(1)　逆境に陥っている人に対する教訓

逆境に陥っている人は、第一に孤独の暗闇の中で独りで悲しんでいてはいけない、第二に親・友人の寛大な同情にしたがって悲しみを調節してはいけない、第三にできるだけ早く世間の日向、社会の白日の下に帰らなければならない。

(2)　順境に立っている人に対する教訓

順境に立っている人は、自分の幸運の悦楽を、第一に家庭の中だけ、友人仲間の間だけ、取り巻き連中の間だけに閉じ込めておいてはいけない、第二に何の関係もない人を訪問しなければならない、第三に自分の価値を運でもって判断せず、性格・行為だけで判断できる人を訪問しなければならない。

## 寛大な不公平な見物人 vs. 無関係な公平無私なる見物人

寛大な不公平な見物人が身近にいると同時に、無関係な公平無私なる見物人が非常に遠方にいるときは、第一に我々の道徳情操における適正はひどく堕落する、第二に正義の法則は守られない。

## ポイント

1 「平静」「享楽」が幸福の源泉である。

2 悲惨・混乱の原因は、貧困、私生活、無名などと、富貴、公的地位、名声などとの間の差異を過大に評価することから生じる。

3 貧困、無名であっても、最も華やかな状態において得ることのできる快楽を見出すことができる。

4 心掛けのいい人は、いかなる境遇の下にあっても、平静であり、享楽を得ることができ、幸福である。

5 他人の諸感情に対する我々の感受性は我々の自己統制を基礎づけている原理である。

6 自己統制という美徳を護るのに生まれつき適している人は、人間愛という美徳を獲得するにも適している。

7 安楽な境遇にある人は人間愛という優しい美徳をもつことができ、困難な境遇にある人は自己統制という厳しい美徳をもつことができる。

8 孤独でいるときには、幸運に恵まれるとあまりにも有頂天になりやすく、また悪運に見舞われるとあまりにも著しく落胆しやすい。

9　逆境に陥っている人は、できるだけ早く社会の白日の下に帰らなければならない。

10　順境に立っている人は、自分の価値を運でもって判断せず、性格・行為だけで判断できる人を訪問しなければならない。

11　不公平な見物人が身近にいると同時に、公平無私なる見物人が遠方にいるときは、正義の法則は守られない。

12　判断を歪曲する原因は「公平無私なる見物人が遠方にいる」あるいは「自身の利己的な諸情感の暴威と不正」である。

13　公平無私なる見物人と同様の見方でもって観察できないので、我々の見解は非常に不公平になりやすい。

# 道徳の一般原則は経験から形作られる

第四章「自己欺瞞の性質について、また一般原則の起源と利用について」

## 行為を起こそうと思う場合 vs. 行為をしてしまった場合

行為の道徳的適正に関する我々自身の判断を歪曲する原因として、以下の二つがある。

(1) 公平無私なる見物人が非常に遠方にいる。
(2) 我々自身の利己的な諸情感の暴威と不正。

実際に我々が自身の行為の道徳的適正を判断するに当たっては、次の二つの場合がある。

(1) 行為を起こそうと思う場合

スミスは「われわれがまさに動作(行為——引用者注)を起こそうと思う場合、情感の激烈さのためにわれわれは第三者の公平さをもって自分が何を行おうとしているかを考える余裕をほとんどもたないであろう。」（訳書三四一頁）と述べている。つまり、行為を起こそうと思う場合、我々自身の猛烈な諸情感は我々を利己的立場に呼び戻そうとし、そこではあらゆる事柄が誇張され、歪められる。

（2）　行為をしてしまった場合

スミスは「動作（行為――引用者注）が済んでしまって、その動作を促した情感が鎮まった場合には、われわれは一層冷静に公平なる見物人の情操に移入することができる。」（訳書三四二頁）と述べている。つまり、行為をしてしまった場合、以前に我々の興味を刺激したものはいまや、公平無私なる見物人にとっても、我々にとっても興味がなくなり、我々は公平無私なる見物人の眼で観察できる。

## 自己欺瞞は混乱の源泉

自己欺瞞は致命的な弱点であり、人生における諸混乱の源泉である。「神秘な自己欺瞞のヴェール」（訳書三四三頁）は自分自身の行為の欠点を見ようとする人の眼を遮っている。つまり、第一に我々は自分自身のことを悪く考えるのは不愉快であるので、我々の眼を意識的に不利な判断を下させる事情から外すようにする、第二に我々はかつて我々を誤った方向へ導いた不正な情感の方を新しく興奮させようと努力する。

## 不正の固執

第一にたんに我々がかつて正しくなかったという理由だけで、第二に我々が自ら正しくなかったということを見きわめるのが恥ずかしく、恐ろしいという理由だけで、自ら不正に固執することさえある。

## 道徳の一般原則は経験から形作られる

我々は、絶えず他の人々を観察しているうちに、いかなることが道徳的に適正であり、いかなることが道徳的に不適正であるのかに関して、知らず知らずのうちに自ら「ある種の一般原則」（「道徳の一般原則」）を作りあげる。つまり、愛すべき行為、尊敬すべき行為、恐れるべき行為などが、実際に行為を行う人の情操（愛情、尊敬心、恐怖心など）をどのように刺激するのかを観察することにより、道徳の一般原則は形成される。

## 道徳の一般原則は利己心の矯正に役立つ

道徳の一般原則は経験から形作られるが、いったん道徳の一般原則が形成され、世間の人々によって一致して是認されると、「道徳の一般原則」を判断基準として、我々は、複雑にして曖昧な性質をもつある種の行為に対して、いかなる程度の褒賞または非難を与えるべきかに関して論議できる。道徳の一般原則は、我々の生活している特定の境遇において、何がこれを行うに妥当であり、かつ道徳的にも正しいか、ということに関して、利己心が与えてくれる誤った考えを矯正する上で役立つ。

ポイント

1　自己欺瞞は致命的な弱点であり、人生における諸混乱の源泉である。
2　我々は自ら不正に固執することさえある。
3　道徳の一般原則は経験から形作られる。
4　「道徳の一般原則」を判断基準として、いかなる程度の褒賞または非難を与えるべきかを論議できる。
5　道徳の一般原則は経験から形作られる。

# 野心は美徳の領域を超えなければ世間から感嘆される

第五章「道徳の一般原則の作用と権威について、またそれらの原則が神の戒律とみなされることの正しさについて」

## 道徳の一般原則は行動を支配する唯一の原理――高潔な人・尊敬すべき人 vs. くだらぬ人

第一に我々の行動に対する最高の調停者であるために、第二に我々の感覚・情感・貪欲・性欲を監督するために、第三に我々の感覚・情感・貪欲・性欲の各々がいかに甘やかされているか、あるいはいかに抑制されているかを判断するために、我々の胸中に生まれつき備わっている「道徳的能力」が設置されている。

経験の中で形作られる「道徳の一般原則」は人間生活における最重要の原理であり、自己の行動を支配することのできる唯一の原理である。我々が「道徳の一般原則」の尊重を義務あるいは習慣にしていると、第一にいつも同じ程度の道徳的適正をもって行動することができる、第二にあらゆる人間を支配する不均一な気まぐれを阻止できる。

人は、「道徳の一般原則」に対する神聖な尊重の念を有しておれば「高潔な人・尊敬すべき人」、有していなければ「くだらぬ人」と分類される。

「高潔な人・尊敬すべき人」はあらゆる場合にしっかりと、断乎として、自己の原則を固守し、その全生涯を通じて一定の同じ調子の行動を持続する。「くだらぬ人」は気まぐれ、趣好、または興味などにときたま支配されるので、いつも調子を変え突拍子もない行動をする。

## 最も幸福な型に属する人間

最も幸福な型に属する人間だけが、第一に厳密な正しさをもって、自らの情操・行動を最も微細な境遇の差異に適応させることができる、第二にあらゆる場合に最も繊細な、また最も正確な道徳的適正をもって行動することができる。

## 人間社会存立の基盤――正義・正直・貞節・忠義など

正義・正直・貞節・忠義などの重要な行動原則を守ることが人間社会存立の基盤である。「道徳の一般原則」に対する尊重の念は、第一に人間の自然の本性にもとづいて印象付けられ、第二に理性の作用ならびに学問の力によって印象付けられる。

## 誠実・正義・人間愛の実行を促進させるための褒賞は信頼・尊敬・愛情

スミスは「人間愛の欲するものは偉くなることではなく人から愛せられることである。」「誠実と正義が喜ぶものは富者になることではなくて信頼され、信用されることであり、このような報償はそうした美徳がほとんど常にこれを獲得するに間違いないのである。」（訳書三六〇頁）と述べている。つまり、誠実・正義、人間愛の実行を促進させるために最も適した褒賞は、我々が共に生活している人々から受ける信頼・尊敬・愛情である。

## 特殊の行為 vs. 行為の一般的な方針

人は特殊の（個別的な）行為に関してはしばしば誤解されるかもしれないが、それらの行為が集積したところに見えてくる行為の一般的な方針（その人物の行為の傾向）に関して誤解される可能性はほとんどない。

## 勤勉を喚起する上に有効な三つの原則

一方で我々は大度（度量が大きいこと）・寛容・正義などの美徳が富・権力・名誉をもって報いられ

るのを見たい欲望に駆られるが、そのような報償は慎重・勤勉・精励に伴って自然に与えられるものであり、慎重・勤勉・精励などの性質は大度・寛容・正義などの美徳に必ずしも不可分的に結び付いているとは限らない。他方で我々は詐欺・嘘言・残忍・暴力などの悪徳に伴う勤勉・精励などのゆえに諸利得を得ているのを見ると、憤怒の情が湧き起こる。

勤勉を喚起する上に有効な原則として、以下の三つがある。

(1)　大きな人間結合体は小さな人間結合体を圧倒すべきである。

(2)　深謀遠慮をめぐらし、あらゆる準備を整えて計画に従事する人は、何らの深慮も準備もなくて計画に対向する人を圧倒すべきである。

(3)　あらゆる目的は自然が設けた手順を用いることによってのみ達成すべきである。

## 自然の従う諸原則 vs. 人間の従う諸原則

「自然の従う諸原則」「人間の従う諸原則」はともに世界の秩序、人間の本性の完成とその幸福とを促進するように目論まれている、つまり、第一に自然が人間を促して従うようにさせている諸原則は、自然自体が遵守する諸原則とは異なる、第二に自然は美徳を鼓舞するために褒賞を与え、悪徳を抑制するために処罰を与える、第三に自然は美徳の鼓舞、悪徳の抑制を専ら考慮し、人間の情操・情感のうちにおいて、美徳・悪徳がいかに異なる程度の功績・罪過を認められているかに関しては、ほとんど考慮を払っていない、第四に人間は功績・罪過だけに考慮を払っている。

## 宗教は自然の義務感を強化する

スミスは「宗教は自然の義務感を強化する。したがって世間の人々は一般に深い宗教的情操を抱いているようにみえる人々の正直を非常に信用する傾向がある。」（訳書三六六頁）と述べている。つまり、宗教心の厚い人は、第一に世間の評判を尊重する、第二に行為の道徳的適正を尊重する、第三に他人の称賛を考慮する、第四に自分自身の胸中の称賛を考慮する。かくて、宗教心の厚い人は、行動の規則正しいことと正確なことに対して一層大きな信頼が置かれるようになる。

**ポイント**

1 「道徳の一般原則」（正義・正直・貞節・忠義など）の尊重は義務である。
2 「道徳の一般原則」に対して尊重の念を有しておれば高潔な人、有していなければくだらぬ人である。
3 自然に湧いて出る希望・恐怖・疑惑は同情によって人々に伝播され、教育によって人々の心の中で強化される。

4　誠実・正義、人間愛の実行を促進させるために最も適した褒賞は人々から受ける信頼・尊敬・愛情である。
5　富・権力・名誉は慎重・勤勉・精励に伴って自然に与えられる。
6　詐欺・嘘言・残忍・暴力などによって利得を得ているのを見ると、憤怒の情が湧き起こる。
7　深謀遠慮をめぐらし、準備を整えて計画に従事する人は、何らの深慮も準備もなしに計画に従事する人を圧倒する。
8　我々の行為は「性向」と「美徳の一般原則に対する配慮」にもとづいて行われている。

# 貪欲と野心は欲望の大きさの点で異なるにすぎない

第六章「いかなる場合に義務の感覚がわれわれの行為の唯一の原理とならねばならぬか、またいかなる場合にそれが他の諸動機と一緒になって作用しなければならぬか」

## 行為を行うときの二つの考慮——性向 vs. 美徳の一般原則

我々が行為を起こすときに考慮するものとして、以下の二つの異なる事情がある。

（1）我々の行為はどの程度まで性向にもとづいて起こさねばならないのか

それは我々に何らかの行為をとらせる情操・性向が自然に快的なものであるのか、不快なものであるのかによって決定される。

（2）我々の行為はどの程度まで美徳の一般原則に対する配慮にもとづいて起こさねばならないのか

それは美徳の一般原則が厳密・正確であるのか、散漫・不正確であるのかによって決定される。

## 美徳の一般原則――厳密・正確 vs. 散漫・不正確

「美徳の一般原則」は、慎慮、寛容、感謝、友情などの美徳が果たすべき任務が何かを決定するものである。

（1）　厳密・正確である一般原則
「感謝の美徳」「感謝の義務」は最も正確であり、例外の最も少ない美徳・義務である。

（2）　散漫・不正確である一般原則
「美徳の一般原則」のいくつかは散漫・不正確であり、多くの例外を認め、多くの修正を必要としている。「慎慮」「寛容」「友情」などは散漫であり、不正確である。

## 性向に促された行為――社会的性向 vs. 非社会的性向

（1）　社会的性向に促された行為
社会的性向に関しては、義務の感覚が社会的性向を促進するために用いられるよりも、社会的性向を抑制するために用いられる方が快活である。スミスは、たとえば恩恵的性向について、「恩恵を施した人は、もしもかれの世話をしてやった人からその恩恵に対して単に冷たい義務感にもとづいて返報を受けるとすれば、自らいい気持ちはしないはずである。」（訳書三七〇頁）と述べている。

（2）　非社会的性向に促された行為

非社会的性向に関しては、例えば、たとえ激怒していても、たえず慈悲の心を忘れず、美徳の一般原則を最も優しい、また最も好意ある態度で解釈しようとする傾向のある人の行為くらい優美なものは他にはない。

スミスは「利己的情感は他の点では、社会的性向と非社会的性向との間における一種の中間的地位を保っているように、この点においてもまたそれは同様に中間的地位を保っているのである。」（訳書三七一～三七二頁）と述べている。

## 吝嗇家（ケチ人間）vs. 節倹家・精勤家

吝嗇家（ケチ人間）は瑣細な事柄に対し、その事柄自体のために心を奪われ、節倹家・精勤家は瑣細な事柄に対しては、たんに自ら設定した生活様式の結果としてのみ注意を払うにすぎない。すなわち、ケチ人間は事柄そのものを問題にし、節倹家・精勤家は事柄の生活スタイルへの影響を問題にする。

## 野心 vs. 貪欲

「野心」と呼ばれる情感は、第一に慎慮・正義の領域をさえ超えなければ、つねに世間から感嘆される、第二に慎慮・正義といった両美徳の範囲を逸脱すれば、我々の想像力をくらましてしまうことさえある、第三に貪欲の目指す目的と野心の目指す目的はたんにそれらの欲望の大きさの点で異なるにすぎない。

### ポイント

1 「感謝の美徳」「感謝の義務」は例外の最も少ない美徳・義務である。
2 「慎慮」「寛容」「友情」などは散漫であり、不正確である。
3 義務の感覚は社会的性向を促進するために用いられるよりも、抑制するために用いられる方が快活である。
4 たとえ激怒していても、たえず慈悲の心を忘れない人の行為くらい優美なものは他にはない。
5 瑣細な事柄に対して、吝嗇家はそれ自体に心を奪われ、節倹家は自ら設定した生活様式の結果としてのみ注意を払うにすぎない。
6 野心は、慎慮・正義といった美徳の領域を超えなければ世間から感嘆される。

7　貪欲の目指す目的と野心の目指す目的はたんにそれらの欲望の大きさの点で異なるにすぎない。

8　自己是認の情操の伴わない行為は有徳の行為と呼ぶことはできない。

# Ⅳ　慎慮の美徳は最も有用な美徳

第四部「是認の情操に及ぼす効用性の影響について」

第四部「是認の情操に及ぼす効用性の影響について」は二つの章からなっている。第一章「効用性の出現があらゆる芸術作品に与える美について、またこのような種類の美の及ぼす広範なる影響について」はモノの非所有者は所有者の情操への移入によって効用を得ると論じている。第二章「効用性の出現のために人々の性格ならびに行為に賦与せられる美について、また、いかなる程度までかような美の知覚を、是認の根本原理の一つと看なしていいか、ということについて」は慎慮の美徳は最も有用な美徳であり、「理性」「悟性」「自己統制」の結合によって慎慮の美徳が成立する、また「人間愛」は女子の美徳であり、「寛容」は男子の美徳であると論じている。

# 老年期の安穏は若年期に犠牲にしたつつましやかな満足に劣る

第一章「効用性の出現があらゆる芸術作品に与える美について、またこのような種類の美の及ぼす広範なる影響について」

## 「効用」は美の主たる源泉の一つ

スミスは「あらゆる物体の効用性は、その物体の所有主に対して、その物体が促進するにふさわしい快感もしくは便益をたえず暗示することによって、その所有主を喜ばせる。その物体を眺める場合にはいつもかれはこの快感を思い出す。そして、このようにしてその物体は不断の満足と快楽の源泉となるのである。見物人は同情によってその所有主の情操に移入し、必然的にその物体を同一の快的な側面から眺めるようになる。」（訳書二八六頁）と述べている。例えば、大邸宅を所有すれば、「その物体が促進するにふさわしい快感もしくは便益をたえず暗示」できる。第一に大邸宅を所有しないが、利用することができれば、その物体が促進するにふさわしい快感もしくは便益を実体験できる。所有は「たえず」「いつも」であるが、利用は「たえず」「いつも」とは言えない。第二に見物人は所有主の情操に移入することによって「その物体が促進するにふさわしい快感もしくは便益」を想像できる。

## 「人為的な高貴な安穏の生活の観念」vs.「つつましやかな安全と満足」――若年期vs. 老年期

スミスは「全生涯を通じてかれはある種の人為的な（自然体ではなく、人の手が加わった――引用者注）高貴な安穏の生活の観念を頭に描いてこれを追求するが、しかもそうした観念には絶対に現実において到達することができず、かような観念を追求するためにかれは自分の力量でもって常に到達することのできる真の平静を犠牲にし、かりに極度に年老いてからついにそのような安穏の生活に到達するとしても、それはかれがそれを追求せんがために見捨てたつつましやかな安全と満足にくらべていかなる点においてもまさっていないことを発見するであろう。」（訳書三八九頁）と述べている。若年期には将来「人為的な高貴な安穏の生活」を送りたいという夢があり、そのために、日々の「真の平静」を犠牲にしている。しかし、老年期になっても「人為的な高貴な安穏の生活」を送るのは困難かも知れず、もし仮に送れるようになったとしても、そのときの「人為的な高貴な安穏の生活」の満足感は若年期に犠牲にした「つつましやかな安全と満足」「気楽さ・呑気さ」よりも劣っている。さらには、老年期に病気になれば、「人為的な高貴な安穏の生活」を送りたいという願望がなくなる。

## 富貴人の安楽・快楽 vs. 富貴人に幸福をもたらしている人為的手段

見物人が富貴権勢の人の境遇を感嘆の念をもって眺めるのは、富貴権勢の人の安楽・快楽ではなく、富貴権勢の人に幸福をもたらしている巧妙かつ精緻な人為的手段である。

## 苦しいときの想像力 vs. 楽しいときの想像力

我々の想像力は、苦しいときは自分一身の範囲内に限定され、楽しいときは自分を取り巻くあらゆるものに拡がる。

## 真の幸福を形造るもの――生活階層の「下位 vs. 上位」

スミスは「人生における真の幸福を形造るものに関しては、かれらはいかなる点においても、かれらとは非常にかけ離れて上位にあるように思われる人々にくらべて劣ってはいない。身体の安楽と心の平和の点では、あらゆる異る生活階層にある人々もお互いにほとんど同一の水準にあり、かくて街道の脇で日向ぼっこをしている乞食は、帝王達が互いに戦い取ろうとしている安全そのものを所有しているのである。」（訳書三九四～三九五頁）と述べている。身体の安楽と心の平和の点では、乞食と帝王、つまり生活階層の下位と上位はほとんど同じである。

## ポイント

1 モノの非所有者は所有者の情操への移入によって効用を得る。
2 老年期の「人為的な高貴な安穏の生活」の満足感は若年期に犠牲にした「つつましやかな安全と満足」よりも劣っている。
3 富貴権勢の人の境遇を感嘆の念をもって眺めているのは幸福をもたらしている精緻な人為的手段である。
4 想像力は、苦しいときは自分一身の範囲内に限定され、楽しいときは自分を取り巻くあらゆるものに拡がる。
5 身体の安楽と心の平和の点では、生活階層の下位と上位はほとんど同じである。

# 「人間愛」は女子の美徳、「寛容」は男子の美徳

第二章「効用性の出現のために人々の性格ならびに行為に賦与せられる美について、また、いかなる程度までかような美の知覚を、是認の根本原理の一つと看なしていいか、ということについて」

## 二タイプの性格――真面目な性格 vs. 真面目でない性格

スミスは「慎重な性格 vs. 無分別な性格」「公正な性格 vs. 横柄な性格」「活動的な性格 vs. 怠惰な性格」「決断力の強い性格 vs. 柔弱な性格」の二タイプの性格を取り上げている（訳書四〇〇頁）。慎重な性格・公正な性格・活動的な性格・決断力の強い性格は「真面目な性格」であり、「真面目な性格」はそのような性格をもつ人自身にとっても、その人と関係のあるすべての人々にとっても繁栄と満足をもらたす。無分別な性格・横柄な性格・怠惰な性格・柔弱な性格は「真面目でない性格」であり、「真面目でない性格」はそのような性格をもつ人自身にとっても、その人と関係のあるすべての人々にとっても破壊と不幸をもらたす。

## 三つの有用な性質――理性、悟性、自己統制

スミスは、「理性」「悟性」「自己統制」の三つを有用な性質として挙げ、それらの結合によって慎慮の美徳が成立すると論じ、慎慮の美徳はあらゆる美徳のうちでも個人にとっては最も有用な美徳であると指摘している（訳書四〇三頁）。

## 「人間愛」は女子の美徳、「寛容」は男子の美徳

「人間愛」は女子の美徳であり、「寛容」は男子の美徳である。ここで、「人間愛」は、苦楽をしている当事者の情操に対して、「公平無私なる見物人」が抱くきわめて繊細な同類感情であり、公平無私なる見物人が当事者の不運に対して悲しみ、当事者の幸運に対して喜びを感じることである。「寛容」は我々が我々自身よりもある他人を尊重し、我々自身の利害をある他人のために犠牲することである。

## なぜ若い兵士は国のために死んだのか――「寛容」

若い兵士は、自身にとっては、自分の生命の方が自身が奉仕する自国のために他国を攻撃するより

もはるかに貴重であることを認識している。しかし、国のために死のうとする若い兵士は、自身の視点ではなく、公平無私なる見物人の視点から、自分の生命よりも、自国のために他国を攻撃し自国民を護るほうが一層重要であると考えて、自分の生命を賭する。これは「寛容」の例示であり、スミスは「寛容」について「かれらはいずれもそれらの相反する利害を、それらの利害がかれら自身の眼に自然に映るような見方でもって考えないで、それらの利害が他人の眼に映るような見方でもって考えるのである。」（訳書四〇七頁）と述べている。

**ポイント**

1　慎重な性格・公正な性格・活動的な性格・決断力の強い性格は真面目な性格であり、無分別な性格・横柄な性格・怠惰な性格・柔弱な性格は真面目でない性格である。

2　慎慮の美徳は最も有用な美徳であり、「理性」「悟性」「自己統制」の結合によって慎慮の美徳が成立する。

3　「人間愛」は女子の美徳であり、「寛容」は男子の美徳である。

4　国のために死のうとする若い兵士は、公平無私なる見物人の視点から、自分の生命よりも、自国のために他国を攻撃し自国民を護るほうが一層重要であると考えている。

# V　道徳情操は「慣習」と「流行」によって異なる

第五部「是認ならびに否認の情操に及ぼす慣習と流行の影響について」

第五部「是認ならびに否認の情操に及ぼす慣習と流行の影響について」は二つの章からなっている。第一章「美ならびに醜に関するわれわれの観念に及ぼす慣習と流行の影響について」は芸術作品の価値は理性・本性ではなく、慣習・流行に依存し、「慣習」と「流行」によって道徳情操は異なると論じている。第二章「道徳情操に及ぼす慣習ならびに流行の影響について」は慣習・流行は正邪に関する自然の原理に一致する場合には、道徳情操の繊細さを一層高めると論じている。

# 優れた絵画は実物よりも「実物らしい」ことがある

第一章「美ならびに醜に関するわれわれの観念に及ぼす慣習と流行の影響について」

## 道徳情操と「慣習 vs. 流行」

何が非難されるべきであり、何が称賛されるべきであるかという「道徳情操」は、「慣習」と「流行」によって異なる。つまり、時代が異なれば、あるいは国民が異なれば、「道徳情操」も同じではないということである。

## 芸術作品の価値と「理性・本性 vs. 慣習・流行」

芸術作品の価値は、理性・本性ではなく、慣習・流行に依存している。いったん慣習が特定の原則を確立してしまえば、その原則が絶対に不合理なものでなければ、その特定の原則を変更することは難しい。

## 見本と見取図

スミスは「一つの型を前においてたくさんの見取図を書く場合、それらの見取図はどこかの点でその見本とは異っているであろうが、しかしそれらすべての見取図相互の間に見られる類似性よりも各々の見取図と見本との間に見られる類似性の方が一層大きいはずである。すなわち見本の一般的性格はそれらの見取図のすべてに現れているであろう。（中略）しかし最も正確な見取図と最も不注意な見取図との間に見られる類似性は、最も不注意な見取図相互の間に見られる類似性よりもはるかに大きいであろう。」（訳書四二二頁）と述べている。優れた絵画は実物よりも「実物らしい」ことがある。同じ人物を対象として描いた絵画の中には、優れたものも、劣っているものもあるが、どれも同じ人物との類似性はある。優れた絵画はその人物の特徴をうまくとらえているので、実物よりも「実物らしい」と思えるのかもしれない。優れた絵画と劣っている絵画の類似性は、複数の劣っている絵画相互の類似性よりも大きい。

**ポイント**

1　道徳情操は「慣習」と「流行」によって異なる。
2　芸術作品の価値は理性・本性ではなく、慣習・流行に依存している。
3　いったん慣習が特定の原則を確立すると、その特定の原則を変更することは難しい。

4　優れた絵画は実物よりも「実物らしい」ことがある。

# 高齢者は沈着な若齢者に、若齢者は若々しい高齢者に快感を感じる

第二章「道徳情操に及ぼす慣習ならびに流行の影響について」

## 慣習・流行（育ち）と道徳情操

慣習・流行が正邪に関する自然の原理に一致する場合には、慣習・流行は道徳情操の繊細さを一層高める。生育環境（慣習・流行）の差異の道徳情操への影響について、次の二タイプの環境で育った人々、つまり「単に世間で善良であるといっている仲間ではなしに、真に善良な仲間の間で教育された人々」「自分達が尊敬し、いっしょに生活している人々のうちに正義・謙譲・人間愛ならびに秩序

愛しか見ないように慣らされている人々」と「不幸にも暴力・放縦・虚偽ならびに不正の真只中に育った人々」を区別すると、邪悪に対して、前者の嫌悪感は強いが、後者の嫌悪感は弱い。

## 流行は無秩序の評価を高め、秩序の評価を低める

スミスは「流行もまた時によるとある程度の無秩序を評判の高いものにし、これに反して、尊敬に価する諸性質の評判を落させるであろう。」（訳書四二九頁）と述べている。つまり、「時によると」であるが、流行は無秩序の評価を高め、秩序の評価を低める。

## 「上層階級 vs. 下層階級」の美徳

上層階級の美徳は自由と独立の精神、淡泊、寛容、人間愛、鄭重などであり、下層階級の美徳はしみったれた節倹、骨の折れる勤勉、規則を厳重に守ることなどである。

## 高齢者 vs. 若齢者

一生涯のうちにおける、それぞれの異なる時期は、それぞれに特有の風習を持っている。高齢者は

病弱、長い人生経験、使い古されて鈍くなった感受性、重々しい威厳、沈着など、若齢者は感受性、陽気さ、快活さ、敏感かつ未熟練の諸感覚などによって特色づけられている。

高齢者が「高齢者の特色」を持ち過ぎて冷然たる無感覚になっても、若齢者が「若齢者の特色」を持ち過ぎてふざけた軽薄になっても、いずれも不愉快であり、スミスは「若者はその行動のうちにいくらか老人の態度が含まれているときが最も気持ちがよく、また老人はその行動のうちにいくらか若者の陽気さを保留しているときが最も気持ちがいい」（訳書四三一頁）と述べている。各人は異なった情感に慣れているが、「中庸」に特別の快感を感じる。若齢者は高齢者に許されている「極度の冷淡と鈍感な堅苦しさ」を軽蔑し、逆に高齢者は若齢者に許されている「軽薄・向こう見ず・虚栄」を軽蔑し、高齢者と若齢者はそれぞれ「中庸」、つまり「沈着な若齢者」「若々しい高齢者」に特別の快感を感じている。

## ある行動が道徳的に適正であるためには――一般人 vs. 将軍

スミスは「ある人間の行動が道徳的に適正であるのは、その行動がその人間の境遇におけるどれか一つの事情に適合していることにもとづくものではなく、われわれがその人間の境遇に関して充分なる知識をえた場合に、まさに自然にかれの注意を喚起しなければならぬとわれわれに感ぜられるあらゆる事情に適合していることにもとづくのである。」（訳書四三一～四三二頁）と述べている。

たった一人の子供を失った父親を取り上げると、一般人である父親がいかに深い悲しみと涙脆さを示しても非難されないが、陣頭に立っている将軍が同じ程度の深い悲しみと涙脆さを示すと非難される。その理由をスミスは「もしもその人間（将軍――引用者注）がそれらの事情のどれか一つ（子供を失う――引用者注）に非常に心を奪われてしまった（深い悲しみと涙脆さ――引用者注）ために、その他の事情（陣頭指揮――引用者注）を完全に忘れてしまうようにみえるならば、その行為はかれの境遇（将軍――引用者注）におけるすべての事情に対して適切に調整されておらないから、われわれはその行為（深い悲しみと涙脆さ――引用者注）に全く共鳴できないとしてこれを否認する。」（訳書四三二頁）と述べている。

## 時代・国・境遇と性格

人の性格は、時代が異なれば、国が異なれば、境遇が異なれば異なる。いかなる程度の性格が責められるべきであるか、あるいはいかなる程度の性格が褒められるべきであるかは時代、国、境遇によって異なる。

文明民族は人間愛にもとづく諸美徳を、野蛮民族は自己否定にもとづく諸美徳をそれぞれより一層錬磨している。

## 困難な諸事情に取り巻かれている人

困難な諸事情に取り巻かれている人は、あらゆる種類の困難に慣れさせられ、そのような困難のために刺激されやすい情感に対して譲歩しないように教育されている。他人に同情し、寛容でありうるためには、我々が自らある程度まで安心して落ち着いていなければならない。我々が不幸のために非常にきびしく苦しめられているならば、我々は何ら隣人の不幸に対して注意を払う余裕を持てない。あるいは、隣人たちが困難な状況に直面していれば、我々の不幸に対して隣人から何らの同情も、何らの寛容も期待することはできない。むしろ、隣人に対して弱みを見せることは、嘲笑を招く。

## 情緒を表現する——知っている人の前 vs. 知らない人の前

我々は、知らない人よりも、知っている人からより一層の寛大な取り扱いを受けることができるので、知らない人の前よりは、知っている人の前でより一層強く情緒を表現する。

**ポイント**

1　慣習・流行は正邪に関する自然の原理に一致する場合には、道徳情操の繊細さを一層高める。

2 流行は無秩序の評価を高め、秩序の評価を低めることがある。

3 上層階級の美徳は自由と独立の精神、寛容などであり、下層階級の美徳は骨の折れる勤勉、規則の厳守などである。

4 高齢者が高齢者の特色を持ち過ぎても、若齢者が若齢者の特色を持ち過ぎても不愉快である。

5 高齢者は沈着な若齢者に、若齢者は若々しい高齢者に快感を感じている。

6 深い悲しみに対して、一般人であれば涙脆さを示しても非難されないが、リーダーであれば涙脆さを示すと非難される。

7 いかなる程度の性格が責められるべきであるか、あるいは褒められるべきであるかは時代、国、境遇によって異なる。

8 文明人は人間愛にもとづく諸美徳を、野蛮人は自己否定にもとづく諸美徳を錬磨している。

9 困難に慣れている人は困難のために刺激されやすい情感に対して譲歩しないように教育されている。

10 他人に寛容でありうるためには、我々が安心して落ち着いていなければならない。

11 我々は、知らない人の前よりは、知っている人の前でより一層強く情緒を表現する。

# Ⅵ　悪徳は気まぐれであり、美徳は規律・秩序を維持している

第六部「有徳の性格について」

第六部「有徳の性格について」は三つの篇と「結論」からなっている。「第一篇　当人自身の幸福だけに作用を及ぼす個人の性格について、あるいは慎慮について」は同じ階層の人々から受ける尊敬は、本人が所有している必要品・便宜品と本人の性格・行為に依存している、また慎慮はある種の冷たい尊敬の念を起こさせるが、熱烈な愛情あるいは感嘆を受けるだけの資格はないと論じている。

「第二篇　他の人々の幸福だけに影響を及ぼすことの出来る個人の性格について」の序論は我々が他人の幸福にマイナスの影響を与えうるのは不正に対する道徳的に適正な報復感のみであると論じている。第一章「自然が個人をわれわれの配慮と注意に委ねる場合の順序について」は「親としての慈愛を示さない両親」や「子として尽くすべき孝行の心をすこしも持たない子供」は道徳的不適正であり、自然的愛着心は道徳的結合の所産であると論じている。第二章「自然が社会をわれわれの仁恵に委ねる場合の順序について」は人々の繁栄と安全は社会の繁栄と安全に依存し、政治の対立が節度をもって行われるならば救治の望みはあると論じている。第三章「普遍的仁愛について」は賢明な有徳の人はつねにすすんで自らの私的利益を犠牲にすると論じている。

「第三篇　自己統制について」は自己統制は、それ自体の美を有し、それ自体のためにある程度の尊敬と感嘆を払う価値があり、危険に陥ったり、死期の切迫したりしている人間が、その落ち着きを相変わらず失わない状態は、人々に必然的に非常に高い程度の感嘆を起こさせると論じている。

「第六部の結論」は「慎慮」「正義」「仁恵」を三つの美徳と呼び、我々自身の幸福に対する配慮は「慎慮」が、他の人々の幸福に対する配慮は「正義」「仁恵」が推薦されると指摘している。

## 「友情を感ずる」と「一般的社交性に富んでいる」は別物

第一篇「当人自身の幸福だけに作用を及ぼす個人の性格について、あるいは慎慮について」

### 自然は個人が身体の保全・健康に注意を払うように勧奨

自然は、あらゆる個人が身体の保全と健康状態に注意を払うように勧奨している。個人の身体の保全と健康状態のために、飢渇に関する欲望、快苦に関するあるいは寒暑に関する愉快なあるいは不愉快な感覚等は、個人が何を選択しなければならないか、あるいは何を回避しなければならないかを指示している。

## 同じ階層の人々から受ける尊敬ないし同じ階層における立ち位置

同じ階層の人々から受ける尊敬ないし同じ階層における立ち位置は、一つは本人が所有している、あるいは所有していると人々から想像される「外部的財産」の便益、もう一つは本人の性格・行為に依存している。個人はある種の注意と先見の明をもって、「外部的財産」を確保したり、増殖したりする。外部的財産の便益は身体の必要品と便宜品を供給する。

## 慎重な人と交流するときは積極的に質問

スミスは「慎重な人は常に誠実であり、虚偽が発覚したために自ら蒙る不名誉のことを考えただけでも恐怖を感ずる。しかし常に誠実であるとしても、そのような人は常に率直で、開放的であるとは限らない。すなわち、かれは常にほんとうのことしか話さないとしても、適当な請求を受けない場合には、常に自らすべての真実をのこらず話してしまわなければならぬとは考えない。そのような人は行動する場合に用心深いのと同様に、話をする場合には遠慮勝ちである。すなわち、物事や人物に関する自分の意見を決して軽率に、あるいは不必要に他人に押しつけがましく述べるようなことはしない。」（訳書四五六頁）と述べている。つまり、第一に慎重な人はつねに誠実であるが、つねに率直で、開放的であるとは限らないので、慎重な人と交流するときは、真実を知るためにはつねに積極的に質問をしなければならない。第二に慎重な人は行動するときは用心深く、話をするときは遠慮勝ちである。

## 慎重な人は現在より将来重視――「時間選好」

スミスは「慎重な人はその間断なき努力と勤勉の点で、またはるか将来の、しかしはるかに長い期間持続するより一層大なる安楽と享楽とがおそらく得られるであろうという期待の下に、現在の瞬間における安逸と享楽とを我慢して犠牲にする点で、常に公平無私なる見物人である胸中の人間の全面的な称讃を受けることによって支持されるとともに褒賞せられるのである。」（訳書四五七～四五八頁）と述べ、慎重な人が現在の価値より将来の価値をより重視することを高く評価している。

## 慎慮は尊敬すべきもの

個人の健康、財産、地位、名誉などに対する慎慮は尊敬すべきものであるが、第一に愛すべき美徳の一つではない、第二に高尚な美徳の一つではない、第三にある種の冷たい尊敬の念を起こさせるが、熱烈な愛情あるいは感嘆を受けるだけの資格はない。

スミスは「個人の健康、財産、地位、名誉等に対する慎慮」よりも、より一層偉大な、またより一層高尚な目的を目指している賢明にして思慮ある行為を「きわめて適切な慎慮」（訳書四六〇頁）と呼んでいる。

## 上級の慎慮 vs. 下級の慎慮

上級の慎慮は「最善の心情に最善の頭脳の加わったもの」「最も完全な美徳に最も完全な叡知の結合せられたもの」「プラトン学派（幸福の源泉は真・善・美を追求することにあるとした――引用者注）またはアリストテレス学派（幸福の源泉は卓越性に即した積極性にあるとした――引用者注）の聖人達の性格に極めて近い性格」（訳書四六〇頁）であり、下級の慎慮は「エピキュロス派（幸福の源泉は健康や心の平静にあるとした――引用者注）の人達の性格に極めて近い性格」（訳書四六〇頁）である。

## 慎重な人は結社（クラブ）に批判的である

スミスは、結社（クラブ）はしばしば「自己を選んで高尚な芸術や科学における最高の功績判定者たらしめようとしており、かくて、お互いの才能や美徳を褒め合ったり、あるいはかれらの競争の立場に立つものならすべてこれを誹謗したりすることをその仕事にしているのである」（訳書四五六頁）と述べて、結社の存在に批判的である。慎重な人は、結社の好意を迎えるために運動しようなどとは考えず、名声を高めるためには、自分の堅実な知識と能力に大いに頼ろうとする傾向がある。

## 友情を感じる vs. 一般的社交性に富んでいる

友情は堅実にして真心のこもった愛着の心であるが、「友情を感じる」と「一般的社交性に富んでいる」は別物である。友達を選ぶときには、輝かしい業績に眩惑されて抱く感嘆の念を指針としないで、謙譲、思慮分別、善行に対して抱く厳粛なる尊敬の念を指針とすべきである。

## 美徳と結び付いた慎慮は高貴 vs. 悪徳と結び付いた軽挙は卑劣

スミスは「他の諸美徳と結びついた慎慮はあらゆる性格のうちでも最も高貴な性格を形造るのと同様に、他の諸悪徳と結びついた軽挙はあらゆる性格のうちでも最も卑劣な性格を形造るものである。」（訳書四六三頁）と述べている。軽挙あるいは自分自身の世話をする能力の欠如は、一方で寛大な人や人情味の豊かな人の眼には同情の対象、他方でそれほど繊細でない情操の持ち主の眼には無視の対象あるいは軽蔑の対象になる。軽挙は憎悪または憤怒の対象にはならないが、軽挙が他の悪徳と結び付いた場合には、憎悪または憤怒の対象になる。

## ポイント

1　自然は個人が身体保全と健康状態に注意を払うように勧奨している。
2　同じ階層の人々から受ける尊敬は、本人が所有している必要品・便宜品と本人の性格・行為に依存している。
3　慎重な人と交流するときは積極的に質問をしなければならない。
4　慎重な人は、名声を高めるために、自分の堅実な知識と能力に頼ろうとする。
5　友達を選ぶときには、謙譲、思慮分別、善行に対して抱く厳粛なる尊敬の念を指針とすべきである。
6　「友情を感ずる」と「一般的社交性に富んでいる」は別物である。
7　慎慮はある種の冷たい尊敬の念を起こさせるが、熱烈な愛情あるいは感嘆を受けるだけの資格はない。
8　高尚な目的を目指している賢明にして思慮ある行為は完全な美徳と完全な叡知を結合したものである。
9　軽挙は他の悪徳と結び付いた場合には、憎悪・憤怒の対象になる。

# 良い友達からも、悪い友達からも感染される

第二篇序論

## 他人の幸福へ負の影響を及ぼす唯一の動機——不正に対する道徳的報復感

個人の性格は他人の幸福へプラスあるいはマイナスの影響を及ぼすことができる。他人の幸福へマイナスの影響を及ぼすことができる唯一の動機は、不正に対する道徳的に適正な報復感のみである。

ポイント

我々が他人の幸福にマイナスの影響を与えうるのは不正に対する道徳的に適正な報復感のみである。

# 我々は家族に同情するように習慣づけられている

第二篇第一章「自然が個人をわれわれの配慮と注意に委ねる場合の順序について」①

## 自分 vs. 他人（両親、子供、兄弟姉妹）――人間関係

「自分の両親」「自分の子供」「自分の兄弟姉妹」などの、平素同じ家の中で一緒に生活している人々は「家族」と呼ばれている。第一に家族は自然に、そしてつねに温かな愛情の対象である、第二に家族は自分の行為が大きな影響を及ぼす人々である、第三に我々は家族に同情するように習慣づけられている。

一方でスミスは「すべての人間は他人の世話を焼くよりも自分自身の世話を焼くことの方があらゆる点において一層適しており、また一層上手でもある。すべての人間は、他人の快楽ならびに苦痛よりも、自分自身の快楽ならびに苦痛の方を一層敏感に感ずるものである。」（訳書四六七頁）と述べている。

## 血縁関係と愛着心――両親 vs. 子供、兄弟姉妹、いとこ（兄弟姉妹の子供達）

「愛着心」は幸福を増進し、不幸を防止したいといった習慣的同情である。子供、両親、兄弟姉妹、兄弟姉妹の子供（従兄弟姉妹）、従兄弟姉妹の子供の順番で、「血縁関係」が遠くなるに従って、愛着心は減退する。

（1）　両親 vs. 子供

スミスは、同情ならびに同情にもとづく愛着心は、「かれの両親に対するよりもかれの子供に対して一層強く感ぜられ、一般に子供に対するかれの愛撫は、両親に対するかれの尊敬ならびに感謝よりも、一層積極的な行動原理であるように思われる。」（訳書四六八頁）と述べている。同情にもとづく愛着心は、両親に対するよりも子供に対してより強いのである。

（2）　兄弟姉妹

兄弟姉妹との関係は最初の友人関係であり、兄弟姉妹間の同情は共通の幸福にとってきわめて重要である。また、自然の叡知により、同じ境遇が、兄弟姉妹に対してお互いに仲良くしなければならない義務を感じさせ、その結果、兄弟姉妹相互間の同情はより一層習慣的になる。

（3）いとこ（兄弟姉妹の子供達）

兄弟姉妹はそれぞれの家族をもつようになるが、兄弟姉妹の子供達、つまりいとこ同士は、兄弟姉妹（いとこの両親）の間に存続している人間関係によって自然に結合させられる。これについて、スミスは「子供等がお互に充分仲よくしておれば、親達の間の友人関係の楽しみは一層増進され、子供等が仲違いするようになればおそらく親達の間の友情は掻き乱されるにちがいない。」（訳書四六九頁）と述べている。

「兄弟姉妹 vs. 兄弟姉妹の子供達（いとこ）」を比べると、第一に兄弟姉妹は一緒に生活しているが、いとこは一緒に生活していない、第二に和合の重要性はいとこ同士は兄弟姉妹同士よりもはるかに低い、第三に同情の程度や同情が習慣的になる度合いはいとこ同士は兄弟姉妹同士よりもはるかに弱い。

## 自然的愛着心 vs. 一般的原則

「自然的愛着心」を産み出す諸条件が何か偶然の出来事のために成立しなかったとしても、「一般原則」に対する尊重の念は、ある程度までそれらの諸条件にとって代わり、同一でないとしても、自然的愛着心に非常に似通った感情を産み出す。これに関して、スミスは「しかしながら、義務感の強い有徳の人は、一般原則を尊重する結果、その心の中にかの自然的愛着心と決して同一ではないにしても、しかしそれに非常によく似たある種の感情がしばしば発生するであろう。別居中でさえも、父と子、兄弟または姉妹は、お互いに決して無関心たりえない。かれらはすべてお互いにある特定の愛着心を授受すべき人達であると考えており、そしてかれらはいつか時至らばそのような近い関係で結ばれている人々の間にあっては自然に起こらねばならないはずの友情を享楽するような境遇に置かれるであろうという希望を抱いて生活しているのである。」（訳書四七〇〜四七一頁）、さらに「いわゆる自然的愛着心は、親子の間における推定的な生理的結合の所産であるよりは、むしろ道徳的結合の所産である」（訳書四七五頁）と述べている。

義務感の強い有徳の人は「一般的原則」をもっているが、道楽者、放蕩者ならびに虚栄心の強い人間は一般的原則を完全に無視し、かれらは幼少の頃から長い間別居していると、必ずお互いに完全な疎遠の間柄に陥らざるをえない。

（1）　父親と「幼いときに父親と離れて育った子供」

幼いときに父親と離れて育ち、しかも大人になるまで父親のもとに帰らない子供を取り上げると、父親は子供に対して親としての慈愛を感じにくくなりやすく、子供は父親に対して子としての敬愛を感じにくくなりやすい。「親としての慈愛を示さない両親」や「子として尽くすべき孝行の心をすこしも持たない子供」は道徳的不適正であり、たんに憎悪の対象としてばかりでなく、恐怖の対象として映ずる。

（2）遠く離れた土地で教育された兄弟姉妹
遠く離れた土地で教育された兄弟姉妹は愛着心の減退を感じやすい。

## 「遠くにいる子供・兄弟姉妹」vs.「手許にいる子供・兄弟姉妹」

遠くにいる子供・兄弟姉妹は、顔を合わせるまでは、幻の子供・幻の兄弟姉妹、お気に入りの子供・お気に入りの兄弟姉妹、完全無欠の子供・完全無欠の兄弟姉妹であり、親しく交わったり、話し合ったりすることによって楽しむことのできる幸福に関して、ロマンチックな希望を抱いている。

遠くにいる子供・兄弟姉妹は、互いに顔を合わせるようになると、家族的愛情を形造るところの習慣的同情を抱こうとする非常に強い性向を有しているが、スミスは「一層親しくお互いに知り合うようになると、かれらはしばしばお互いに相手方の中に、かれらが最初期待したとは異った習慣・気性ないし性向を発見し、習慣的同情を欠いている以上、また正当に家族的愛情と称すべきものの現実の原理ないし基礎を欠いている以上、いまやかれらは相手方のそうした異る習慣・気性・性向に容易に自ら適応するわけにはゆかない。」（訳書四七一頁）と述べている。つまり、遠くにいる子供・兄弟姉妹が、お互いに親しく話し合ったり、交際したりすることは、たちまちそれほど面白くなくなり、それほど頻繁に行われなくなる。

遠くにいる子供・兄弟姉妹は、共同生活をつづけ、あらゆる必要止むをえざる世話を互いに交換しあったとしても、長い間一緒に家族生活を行ってきた人々の会話のうちに自然に発生する心からの満足、甘美な同情、自信に満ちた寛大と気楽さを完全に楽しむことはできない。

## 家庭教育は自然の制度、学校教育は人間の発明

スミスの時代と現在の教育制度が異なっていることを踏まえた上での理解であるが、スミスは「家庭教育は自然の制度であり、学校教育は人間の発明である。」（訳書四七三頁）と述べ、「男の子を遠くの有名な学校で教育すること、青年を遠方の大学で教育すること、若い婦人を遠方の尼僧院や寄宿制の女学校で教育すること」（訳書四七二頁）といった、親子が離れて生活することになる学校教育は、家庭道徳を破壊し、家庭の幸福を破壊すると論じている。

スミスは「諸君は自分の子供を親に対して孝行な、兄弟姉妹に対して親切で愛情の豊かな人間に教育したいとは思わないか。もしもそのように教育したいと思うならば、自分の子供を孝行息子にならざるをえないような、また親切な、愛情の豊かな兄弟姉妹にならざるをえないような状態に置け。すなわちかれを諸君自身の家庭で教育せよ。かれらは自分達の両親の家から、毎日礼儀正しく、しかも都合好く（普通教育を受ける為に）公立学校に通学するであろう。」（訳書四七二〜四七三頁）と述べている。スミスの勧める「家庭教育」は親子、兄弟姉妹が一緒に生活しながら、学校に通うことを意味するものである。

## 血縁（親類関係）と「愛着心 vs. 虚栄」

「血縁の力」（「神秘的な愛着心」）は存在しない。法律の権威が完全な安全性を保障するに充分でないときは、同一の家族から別れて出たそれぞれの異なる分家はすべて相互に近接して生活し、分家の連合は共同防衛のために必要不可欠である。しかし、法律の権威が完全な安全性を保障するときは、同一の家族から別れて出たそれぞれの異なる分家は一カ所に固まるための動機を何らもっていないので、利害関係もしくは性向の命ずるままに、自然に分離し、四散する。

あらゆる国々における大君主達は、たとえいかに縁が遠くても、お互いに親類関係にあることを記憶し、是認し、誇りとしている。立派な親類関係は家族的自尊心を昂揚させ、このことの所以について、スミスは「愛着心のためでもなく、あるいは愛着心に似た何らかの性向のためでもなくて、あらゆる虚栄のうちでも最もくだらぬ、最も子供らしい虚栄のためである。」（訳書四七五頁）と述べている。

**ポイント**

1 他人の快楽・苦痛よりも、我々自身の快楽・苦痛の方を一層敏感に感ずるものである。
2 我々は家族に同情するように習慣づけられている。

3　同情にもとづく愛着心は、両親に対するよりも子供に対してより強い。
4　将来の担い手は子供であるので、子供を重視しなければならない。
5　兄弟姉妹間の同情は共通の幸福にとってきわめて重要である。
6　同情が習慣的になる度合いはいとこ同士は兄弟姉妹同士よりも弱い。
7　愛着心は血縁関係がますます遠くなるに従って減退する。
8　「親としての慈愛を示さない両親」や「子として尽くすべき孝行の心をすこしももたない子供」は道徳的不適正である。
9　別居中の父子、兄弟または姉妹は、義務感の強い有徳の人であれば自然的愛着心とよく似たある種の感情をもつが、道楽者・放蕩者・虚栄心の強い人間であればお互いに疎遠の間柄に陥らざるをえない。
10　親子が離れて生活することになる学校教育は、家庭道徳を破壊し、家庭の幸福を破壊する。
11　「血縁の力」は存在しない。

# 有徳の人々の間の友情は自然的同情

第二篇第一章「自然が個人をわれわれの配慮と注意に委ねる場合の順序について」②

## 交わる人――「賢明な人ならびに有徳の人」vs.「放蕩者や道楽者」

スミスは「主として賢明な人ならびに有徳の人と交わる人は、たとえその人自身は賢明な人にもあるいは有徳な人にもならないとして、叡知と美徳に対してすくなくともある種の尊敬の念を感じないではいられなくなる。また主として放蕩者や道楽者と交際する人間は、たとえ自分自身は放蕩するようになったり、道楽するようになったりしないとしても、だらしのない道楽者の生活態度に対してかれが元来懐いていたあらゆる嫌悪の情をたちまち失ってしまわなければならない。」（訳書四七七頁）と述べている。

良い友達であろうが、悪い友達であろうが、一緒に生活して著しく交渉をもたねばならない友達間の、固定し、深く根を張っているように思われる情操・原理・感情は、調和され、同化させられる自然の性向がある。相互理解といえばそうであるが、やはり良い友達からも、悪い友達からも感染される。

さらに、スミスは「二人の間だけに友情を限ろうとする人々は、愛情にともなう嫉妬と愚味とのために、友情にともなう賢明なる安全感を掻き乱すもののように思われる。」（訳書四七八頁）と述べている。

## 有徳の人々の間の友情は自然的同情

スミスは「有徳の士だけがお互の行為と行動とに絶対の信頼を感ずることができ、すなわちそのような行為や行動は常にかれらに対して、かれらがお互いに決して相手方を怒らせたり、あるいは相手方から怒らせられたりすることはできないということをかれらに保証できるからである。」（訳書四七八頁）と述べている。有徳の人々の間の友情は、自然的同情、すなわち自ら愛着心を感ずる人物が尊敬と是認の自然にして適正な対象であるという無意識の感情である。

## 若い者同志の親交は神聖な、尊敬すべき親交ではない

若い者同志の親交は、善行とはまったく無関係のちょっとした性格の類似性（例えば、同一の趣味）あるいは一般に採用されていないある独特の原理または意見に関する見解の一致にもとづくものであ

るので、第一に性急な他愛のない愚かな親交であり、第二に気まぐれをもって始まり、気まぐれをもって終わる親交であり、第三にいかに愉しそうに見えようとも、決して友情という神聖な、尊敬すべき名称に価いする親交ではない。

## 美徳を愛する心にもとづく愛慕の情は奥ゆかしい――幸福、恒久、安全

スミスは「個人に対するあらゆる種類の愛慕のうちでも、全くその個人の善い行為ならびに善い行動に対する尊敬と是認だけを根拠として、しかも豊富な経験と長い交際とによって裏付けられた愛慕こそは、何にたとえようもない最も尊敬すべきものである。」（訳書四七七頁）と述べている。悪徳はつねに気まぐれであり、美徳は規律・秩序を維持している。美徳を愛する心にもとづく愛慕の情は、あらゆる愛慕のうちでも、奥ゆかしい愛慕、幸福な愛慕、恒久的な愛慕、最も安全な愛慕である。

## 社会の平和と秩序 vs. 悲惨な人々の救済

社会の平和と秩序は悲惨な人々の救済よりもはるかに重要である。つまり、経済・社会全体の秩序の維持が悲惨な境遇にある一個人の救済よりも重要である。

## 偉人に対する過度の尊敬、貧困者に対する同類感情の欠如

偉人に対する過度の尊敬あるいは貧困者に対する同類感情の欠如は、人々を怒らせる傾向が最も強い。

## 親切は親切の母である

近隣の人々は、お互いにとってきわめて便利なものになることができるとともに、またきわめて厄介なものになることもある。気立てのいい人々、理性のすぐれた人々は、自然に協力一致しようとする傾向がある。スミスは「親切は親切の母である。」（訳書四七九頁）と述べ、お互いに親切にし合うことが人々の幸福にとって必要不可欠であると論じている。

## 子供は老人よりも重要視される

スミスは「普通の場合にあっては、老人が死んでも誰も大して悔やまない。しかるに子供が死ぬと、誰かが断腸の思いをしないではおられないのである。」（訳書四六八頁）と述べている。子供は老人よりも重要視され、その理由として、スミスは「万事は子供に期待せられるか、あるいは、すくなくと

も子供に希望がつながれている。普通の場合においては、老人に期待したり、あるいは老人に希望をつないだりするところはきわめて僅かでしかない。」（訳書四六八頁）を挙げている。つまり、将来の担い手は子供であるので、子供を重視しなければならないのである。

## ポイント

1 自然的愛着心は道徳的結合の所産である。
2 近隣の人々は便利なものであり、また厄介なものである。
3 良い友達からも、悪い友達からも感染される。
4 豊富な経験と長い交際とによって裏付けられた愛慕は尊敬すべきものである。
5 有徳の士だけがお互いの行為に絶対の信頼を感ずることができる。
6 悪徳はつねに気まぐれであり、美徳は規律・秩序を維持している。
7 若い者同志の親交は気まぐれをもって始まり、気まぐれをもって終わる親交である。
8 親切は親切の母である。
9 同胞に愛されるためには自らの行為によって真に愛しているということを示すことである。
10 社会の平和と秩序は悲惨な人々の救済よりもはるかに重要である。

11　偉人に対する過度の尊敬あるいは貧困者に対する同類感情の欠如は人々を怒らせる。

# 祖国愛は人類愛と無関係

第二篇第二章「自然が社会をわれわれの仁恵に委ねる場合の順序について」

## 愛国者 vs. 反逆者

愛国者は、大多数の人々の安全のために、大多数の人々への奉仕のために、大多数の人々の名誉のために、自己を敢えて犠牲にする人である。愛国者は社会の安全のため、あるいは虚栄的な栄誉のためにさえ自らの生命を捧げる人であり、厳密な道徳的適正をもって行動する。愛国者の行為は、我々の全面的な是認を刺激するばかりでなく、我々の驚異と感嘆を刺激し、英雄的な美徳に対して正当に払うことのできるあらゆる称賛に価いする功績をもつ。

これに反して、反逆者は、非常に破廉恥に、また非常に卑劣に、彼が何らかの結合関係を有しているあらゆる人々を犠牲にして、自分自身を生かそうとする人である。反逆者の行為は、あらゆる悪党の行為のうちでも最も唾棄すべきものである。

## 「自国民 vs. 隣接の他国民」の争い

人々の繁栄と安全は社会の繁栄と安全に依存し、我々の社会を他の同種類の社会と比較するとき、優れていれば我々は誇りを感じ、劣っていれば我々は屈辱を感じる。

我々は、自国民に対する愛情のために、しばしば最も悪意に満ちた嫉妬と羨望を抱いて、隣接の他国民の繁栄と生長を眺める傾向がある。これに関して、スミスは、人類愛にもとづいて、隣接の他国民の優越を妨害しないで、かえってこれを助長するように努力しなければならないと論じ、「このような（隣接の他国民の——引用者注）諸改良はすべて国民間の競争の適正なる対象であって、国民的偏見もしくは嫉妬の対象ではない。」（訳書四八七頁）と述べている。

しかし、スミスは、「自国民 vs. 隣接の他国民」の争いについて、「独立している隣接の諸国民は、それらの諸国民の間に起こった論争を解決するための共通の支配者を何ら持っていないので、かれはすべてお互いに相手方に対してたえず恐怖と猜疑とを抱きながら生活している。」「各々の元首は自分の近隣の元首からほとんど正義を期待しえないので、かれがそれらの元首から期待しえないのと同様の程度において、ほとんど正義をもってそれらの元首を遇しようとしない傾向がある。」「国際法に対する顧慮、あるいは独立国が相互間の問題を処理するに当って遵守しなければならないように公言し、あるいは偽装している諸原則に対する顧慮は、単なる偽装ないし公言だけにすぎない場合が非常に多い。」（訳書四八六頁）述べている。

## 祖国愛は人類愛とまったく無関係

「祖国愛」は「現在制定せられている政治の原則または形態に対するある種の尊重および畏敬」と「われわれの同胞市民達の生活状態を出来るだけ安全に、立派に、幸福にしてやろうという熱烈なる願望」（以上、訳書四九〇頁）の二つの異なる原理を含み、二つの原理は、平和な、静穏な時代には一致し、同一の行為に導くが、大衆が不平を抱き、党派争いをし、無秩序の状態にある時代には我々に別々の道を辿らせる。

スミスは「祖国愛が人類愛から導き出されるとは思われない。」（訳書四八七頁）と述べ、祖国愛は人類愛とまったく無関係であると考える。国民的偏見は卑劣な原理であるが、それは自国に対する愛情という高貴な原理を基礎としている。

## 近い国 vs. 遠い国

スミスは、近い国々を非常に薄弱な根拠にもとづき愚かにも国民的仇敵と呼ぶことはあるが、遠い国の繁栄に対してはいかなる種類の嫉妬心をも抱かないと論じ、ただし「そのような遠方の諸国に対してたとえわれわれが好意を寄せるとしても、それが大した効力を発揮しうることはきわめて稀である。」（訳書四八八頁）と述べている。

## 国の繁栄のために社会・個人の権力・特権・免税権の縮減

あらゆる独立国は多くの異なる身分階級・社会に分割され、その各々が独自の権力・特権・免税権を有している。あらゆる個人は、自然に彼自身の属する身分階級・社会に対して、他のいかなる身分階級・社会に対するよりも、一層強く結びつけられている。

国の繁栄と保存のために、特定の身分階級・社会・個人の権力・特権・免税権をある程度縮減する必要があることを理解してもらうことは非常に困難であるが、スミスは「このような不公平ないし偏好性は時によると不正であるかも知れないが、しかしそれだからといってそれが無用であるとはいえないであろう。」（訳書四九〇頁）と述べている。

## 主義の人は賢人ぶりを発揮したがる

「主義の人」（原理・原則あるいは主義・主張に固執する人）は非常な賢人ぶりを発揮したがるもので、しばしば自分の理想的な統治計画を夢に描いてそれに陶然とするあまり、その計画のいかなる部分といえども少しでもそれから逸脱することに我慢ができないことがある。第一に主義の人と社会の構成員の運動原理が一致して同一方向に向かって行動するならば、社会は円滑に調和的に進められる、第二に主義の人と社会の構成員の運動原理が異なっていれば、社会は終始この上もない混乱状態に陥る。

スミスは「ある種の主義の精神」は人類愛にもとづく公共心と融合する傾向が強いと論じ、「この主義の精神は普通にはより温和な公共心の指導権を握り、常にそれを鼓舞し、しばしばそれに点火して狂気じみた狂信の炎をさえ燃え上らせる。」（訳書四九二頁）と述べている。

## 政党と政党指導者

政党は、理想的制度を夢に描いて、その美しさに陶酔させられている。政党指導者は、第一に直接不幸の種となっている不便を取り除き、不幸を救済するばかりでなく、将来あらゆる時代を通じて同じような不便と不幸へ戻らないように防止するための国家改革案に固執する、第二に国家改革を行うために、憲法の改正と政治体制の変革を提案する、第三に元来自身の名声を上げることしか考えていなかったかも知れないが、やがて自身の詭弁に欺かれて、追随者のうちでも最も弱い者、最も愚かな者と同様に国家改革案に夢中になってしまう。

## 政党の暴力——与党 vs. 野党

「与党 vs. 野党」の間の不毛な争いについて、スミスは「政党の暴力はあらゆる妥協、あらゆる調整、あらゆる和解を排してあまりに多くを要求するために、しばしば何物をも得ないことがある。すなわち、ほんの僅かな節度をもってするならば、おそらく大いに除去し、救済しえたにちがいない不便や不幸を、全く救治の望みのないものにしてしまう。」(訳書四九三頁)と述べている。つまり「与党 vs. 野党」の対立は、ほんの僅かな節度をもってするならば、あらゆる妥協、あらゆる調整、あらゆる和解を行うことができる。

**ポイント**

1 人々の繁栄と安全は社会の繁栄と安全に依存している。
2 愛国者は最も厳密な道徳的適正をもって行動するように見える。
3 反逆者の行為はあらゆる悪党の行為のうちでも最も唾棄すべきものである。
4 人類愛にもとづいて、隣接の他国民の優越を助長するように努力しなければならない。

5　祖国愛は人類愛と無関係である。

6　政党は、理想的制度を夢に描いて、その美しさに陶酔させられている。

7　政治の対立が節度をもって行われるならば救治の望みはある。

8　主義の人と社会の構成員が同一方向に向かって行動するならば、社会は円滑に進められる。

# 有徳の人はすすんで自らの私的利益を犠牲にする

第二篇第三章「普遍的仁愛について」

## 賢明な有徳の人

賢明な有徳の人は、つねに自らすすんで自らの私的利益を、自らの属する特定の階級の利益または社会全体の利益のために犠牲にする。

ポイント

1 好意・悪意の地理的影響範囲は限られていない。
2 賢明な有徳の人はつねにすすんで自らの私的利益を犠牲にする。

# 神経の太さは自己統制作用にとって最善の準備手段

第三篇「自己統制について」①

## 完全な有徳の士――知識と行動

「完全な有徳の士」は「完全な慎慮」「厳格な正義」「適正な仁愛」といった諸原則に関する最も完全な知識をもっているのみならず、それらの諸原則にもとづいて実際に行動する人である。

## 真の有徳の士

「真の有徳の士」は左記の人であり、真の有徳の士のみが愛と尊敬と感嘆の真実にして適正なる対象である。

(1)　自分の身に降りかかった災難に関して充分の悲しみを感じる人

(2) 自分に加えられた不正のもつあらゆる下劣さを感じる人
(3) 自分自身の性格の尊厳が要求するところのものをなお一層強く感じる人
(4) 自分の境遇のために自然に湧き起こるかも知れない未訓練の諸情感の命ずるままに身を任せない人
(5) 抑制され矯正されたる諸情緒にしたがって自己の全行動を統制する人

## 功績の自己評価、性格・行為の自己判断の二つの標準と賢明にして有徳の士

自身の功績を評価したり、自身の性格・行為を判断するにあたり、比較する標準として、第一標準（最も厳密な道徳的適正と安全性といった標準）と第二標準（友人や知己が普通に到達することのできる、あるいは到達したことのある標準）といった二つの異なる種類がある。

(1) 第一標準：最も厳密な道徳的適正と安全性といった標準

第一標準は、自身の性格・行為ならびに他人の性格・行為の双方に対して観察を試みるうちに次第に形成されるものであり、スミスは第一標準の形成を「それは行為の偉大なる裁判官であり、調停者である胸中に住む偉大なる神人の緩慢な、漸進的な、しかも進歩的な作業である。」（訳書五一九頁）と呼んでいる。第一標準を用いるときは、最も賢明な、最も善良な人といえども、尊大ぶったり、自

負したりするための何らの根拠も見つけることができないで、かえって謙遜したり、失望したり、あるいは後悔したりするための莫大な根拠を発見する。

（2）　第二標準：普通世間において到達することのできる、あるいは到達したことのある標準

第二標準を用いるときは、我々の注意は、第一標準に向けられないので、自分の弱さや不完全さをほとんど感じない。これに関して、スミスは、第二標準を用いる人について「かれら（第二標準を用いる人――引用者注）はほとんど節度を守らず、しばしば不遜の態度をとり、尊大で、自惚れが強く、また自分自身の絶大なる嘆美者であると同様に、他人の絶大なる軽蔑者でもある。」（訳書五二三頁）と述べている。つまり、第二標準を用いる人は、第一にその性格は不適正である、第二に過度の自己称賛にもとづいて、過度の自負心を有している。

賢明にして有徳の士は、第一に、第一標準を用いるときには、自分自身の性格・行為を第一標準に同化させようとしてできる限りの努力を払い、第二標準を用いるときには、自身が友人や知己より優位であると考える、第二につねに第一標準を用いようとするので、第二標準を用いて自身が友人や知己より優位であると感じても、第一標準との比較によってははるかに著しく屈辱を感じる。

重要なことは我々の「志し」の問題であり、我々は第二標準を志向するといった低い志ではなく、第一標準を志向するといった高い志をもたなければならない。

## 二つの情感の統制――自己統制

情感は二つの異なる部類に区別される。二つの情感の統制（「自己統制」）は、それ自体の美を有し、それ自体のためにある程度の尊敬と感嘆を払う価値がある。

（1） 測り知れぬ恐怖と猛り狂う憤怒

「測り知れぬ恐怖と猛り狂う憤怒」は、第一に一瞬間といえども抑制することは困難であり、抑制のためには相当の自己統制力を働かす必要がある、第二に我々を自己の義務に背かせるように駆り立てる、第三に堅忍不抜性、剛毅性、力強い精神力を示すものである。

（2） 安逸・快楽・称賛など：利己的な満足を愛する情感

「安逸・快楽・称賛など」は、第一に一瞬間または短期間ならば抑制することは容易である、第二にそれらの情感に絶えず誘惑されているとしばしば誤った方向へ導かれ、あとで考えると非常に恥ずかしい思いをさせられる、第三に我々に義務を守らせないように口説き落とす、第四に安逸・快楽・称賛などの統制は、節制・端正・謙遜・中庸を示すものである。

## 「自己統制」は狂熱的な崇敬の情操に転じせしめることがある

スミスは「古今の歴史を通じて特別に人々の気に入り、愛情をもって記憶されている英雄達の多くは、真理と自由と正義とのために断頭台上で散り果てた人々、しかもその刑場に臨んでかれらにふさわしい落ち着きと威厳とをもって挙動した人々である。」（訳書五〇五頁）と述べている。つまり、大きな危険や困難のまっ只中にあって冷静な落ち着きをもって行動することは、気高い知性と徳性のもつ特徴である。「死は恐怖の王者である」と言われ、死の恐怖を克服した人は、他のいかなる自然の災害が切迫しても、冷静を失うようなことはない。

恐るべき危険に陥ったり、死期の切迫したりしている人が、相変わらず平静を維持し、沈着を失わない状態は、人々に必然的に非常に高い程度の感嘆を起こさせる。「自己統制」は、自由と正義のために、また人間愛と祖国愛のために苦しんでいる人に対する、やさしい同憂、温かい同情的感謝といった諸情操を燃え上がらせて、熱烈な、しかも狂熱的な崇敬の情操に転じせしめることがある。

## 憤怒の統制は高貴な精神力の成果である

「憤怒」、つまり程度を超える荒れ狂う騒々しい情感を欲しいままに発散させることは虚栄の対象となりうるが、憤怒を見るのは不愉快である。我々が他人の憤怒に直面したとき、我々は、憤っている人に対してではなく、憤怒の対象になっている人に対して同情的関心を抱く。
第一に憤怒は、慎重な考慮によって抑制されるが、ある程度まで勇気と自己統制を働かさせる必要があり、憤怒の統制は、偉大なしかも高貴な精神力の成果である、第二に公平無私なる見物人が移入できる程度にまで抑制され、適正に緩和された憤怒は「正しい憤怒」（訳書五〇七頁）と呼ばれ、「正しい憤怒」の適正な表現は素晴らしい、感嘆に価いする文句を構成する。「正しい憤怒」の欠如は雄々しい性格の人にとっては本質的な欠陥である、第三に正義・仁愛にもとづく憤怒の統制は美徳であり、礼節の感覚、威厳の感覚、道徳的適正の感覚にもとづいた「憤怒の統制」は気持ちのよいものである、第四に憤怒は恐怖によって抑制される。しかし、憤怒が恐怖心によって抑制されている人は、必ずしも憤怒を放棄したわけではなく、たんにその発散をもっと安全な機会に保留しているにすぎない、第五に最も深刻に怒らせた人に対して、あらゆる怨恨をさらりと捨てて、信頼・誠実をもって行動しうる人は、正しく最高の感嘆を払うだけの功績をもっている。

ポイント

1 慎慮、正義、仁愛に関する知識を有していても、自己統制できない人は実践できない。
2 神経の太さは自己統制作用にとって最善の準備手段である。
3 真の有徳の士のみが愛と尊敬と感嘆の対象である。

4　道徳的適正を性格・行為の自己判断に用いるときは、善良な人といえども、失望したり、後悔したりする。
5　世間において到達することのできる標準を性格・行為の自己判断に用いるときは、自身の不完全さを感じない。
6　有徳の士は自身の性格を道徳的適正に同化させようと努力している。
7　有徳の士は、普通に到達することのできる標準を用いて、自身が友人や知己より優位であると感じても、道徳的適正といった標準に照らして屈辱を感じる。
8　普通到達することのできる標準を志向するといった低い志ではなく、最も厳密なる道徳的適正といった標準を志向するといった高い志をもたなければならない。
9　測り知れぬ恐怖と猛り狂う憤怒の抑制には相当の自己統制力を働かす必要がある。
10　安逸・快楽・称賛は短期間ならば抑制することは容易である。
11　自己統制は尊敬と感嘆を払う価値がある。
12　死の恐怖を克服した人は冷静を失うようなことはない。
13　深刻に怒らせた人に対して怨恨を捨て、信頼をもって行動しうる人は感嘆を払うだけの功績をもっている。
14　「適正なる憤激」の欠如は本質的な欠陥である。
15　正義・仁愛にもとづく憤怒の統制は美徳である。

16　困難のまっ只中にあって冷静な落ち着きをもって行動することは徳性のもつ特徴である。

# 危害・不幸に対する感受性は鈍感であるよりも敏感であることに悩まされる

第三篇「自己統制について」②

## 危害・不幸に対する感受性は鈍感であるよりも敏感であることに悩まされる

自己の危害・不幸に対する感受性は、強くなりすぎるきらいがあったり、逆に弱くなりすぎるきらいがあったりする。

自己の危害に対する感受性の弱い人、つまり自分自身に加えられた危害に対してほとんど報復感を感じない人は、他人に加えられた危害に対しても報復感を感ずることが少なく、危害を加えられている人を保護しようとしたり、あるいは彼らのために復讐しようとしたりする気持ちになりにくい。第一に自己の危害に対する感受性の欠如は、あらゆる自己統制の功績を奪い去ってしまうかも知れない、第二に自己の危害に対する感受性は、過度に繊細になる可能性があり、また実際に過度に繊細になる、第三に自己の危害に対して非常に敏感な人は、軽率に党派争いに参加しない。

自己の危害・不幸に対する感受性、自分の人格に加えられた侮辱に対する感受性は、その欠如のためよりもその過度のために悩まされる場合の方がはるかに多い。つまり、感受性は鈍感であるよりも敏感であることに悩まされる。

## 快楽、娯楽、享楽に対する感受性の程度――若者・子供 vs. 老人

生活における快楽、娯楽ないし享楽に対する我々の感受性の程度の強弱は、人々の愉快・不愉快に影響を及ぼす。快楽・娯楽・享楽に対する我々の感受性が強い方が弱いよりも人々にとっては愉快である。

スミスは「われわれは若者の快活さに魅せられるばかりでなく、子供の遊び好きなことにさえも魅せられる。しかしながら、われわれは老人に非常にしばしば見られる活気のない無趣味な尊大ぶった態度に接するとすぐにいやになってしまう。」（訳書五一七頁）と述べている。青年がその年齢から見て自然にして妥当な快楽、娯楽、享楽に対して何らの関心を示さないときは、その青年は嫌われる。

## 公平無私なる見物人が是認する情感の程度は「道徳的適正点」

公平無私なる見物人が是認する「情感の程度」は「道徳的適正点」と呼ばれ、道徳的適正点は情感の種類に応じてそれぞれ異なっている。

（1）見物人が同情しやすい情感、当事者にとって愉快な情感
見物人が同情しやすい情感、当事者にとって愉快な情感は、過多の方が過少よりも不愉快ではない。

（2）見物人が同情しにくい情感、当事者にとって不愉快な情感
見物人が同情しにくい情感、当事者にとって不愉快な情感は、過少の方が過多よりも不愉快ではない。

## 快楽、娯楽、享楽に対する感受性の「敏感 vs. 鈍感」と道徳的適正感

人生における諸々の出来事に対して鈍感（無関心）であることは道徳的適正に対する鋭い熱心な配慮を消滅させる。しかし、賢明な人は、突発的な、予期しない出来事に遭遇しても、決して驚かない。賢明な人はつねに自分の行為の道徳的適正を維持する。

快楽・娯楽・享楽に対する強すぎる感受性を、第一に道徳的適正感によって抑制できないとき、非難されるのは、快楽・娯楽・享楽に対する感受性が強すぎることではなく、道徳的適正感の弱さである、第二に道徳的適正感によって抑制できるとき、道徳的適正感は非常に高貴に、また非常に偉大に見える。

ただし、スミスは、道徳的適正感が非常に強くて、すべての感受性を充分統制できるとしても、心の落ち着きはつねに攪乱され、判断はつねに正確さを保つことができないと論じ、「ある種の大胆、ある種の神経の太さ、ある種の体質の堅牢さが、あらゆる偉大なる自己統制作用にとって最善の準備手段であることは疑う余地がない。」（訳書五一六頁）と述べている。

## 人々を「結合させる性向」vs. 分断させる性向」

（1）　人々を結合させる性向

人間愛・親切・自然的愛着・友情・尊敬などは「人々を結合させる性向」である。「人々を結合させる性向」は過度になっても、第一に人々に好印象を与える、第二に当人にとって非常に愉快である。「人々を結合させる性向」が無価値の目的に対して向けられたときには、その人を深い悲しみに陥らせる。

（2）　人々を分断させる性向

憤怒・憎悪・嫉妬・敵意・復讐などは「人々を分断させる性向」である。「人々を分断させる性向」は過度になれば、第一に人々を憤慨させ、ときにはその人を恐怖の対象とする、第二に当人をして自ら心の中でみすぼらしさ、みじめさを感じさせる。

## 友人関係と自己尊重

自己にとって、自身を高く評価することは愉快であり、自身を低く評価することは不愉快であるので、過大なる自己尊重の方が過小なる自己尊重よりも気持ちがいい。しかし、公平無私なる見物人にとっては、事柄はまったく異なり、過小なる自己尊重の方が過大なる自己尊重よりも気持ちがいい。

（1）　自己 vs. 友人

第一に友人に対しては、我々は自身が過小評価されているよりも過大評価されていることについて不平を言う、第二に友人が上位に位置するようになると、友人の自己尊重のために、我々の自己尊重は屈辱を感じさせられる。我々は自身の自尊心と虚栄心に促されて、友人の自尊心と虚栄心を非難する。

（2）　友人 vs. 第三者

友人が第三者の下位に位置するように甘んじていると、我々は友人を非難するばかりでなく、友人の臆病さを軽蔑する。友人が第三者の上位に不釣り合いに位置するようになると、我々は友人の行為を完全に是認しないとしても、我々の心を慰める。

### 偉大な芸術家 vs. 下等の芸術家

（1）　偉大な芸術家

偉大な芸術家は、自分の作品を理想的完全型と比較し、自分の最上の作品といえどもつねに不完全であることを感じている。

（2）　下等の芸術家

下等の芸術家は、理想的完全型の概念をもつことなく、自分の作品をより低い等級に属する他の芸術家の作品と比較し、自分の作品にいつも完全に満足している。

**ポイント**

1　感受性は鈍感であるよりも敏感であることに悩まされる。

2 愉快な情感は過多の方が、不愉快な情感は過少の方がよい。

3 人間愛は人々を結合させる性向であり、過度になっても、人々に好印象を与える。

4 憤怒は人々を分断させる性向であり、過度になれば、人々を憤慨させる。

5 賢明な人間は予期しない困難に襲われても決して驚かない。

6 危害に対する感受性の欠如は自己統制の功績を奪い去ってしまう。

7 道徳的適正感が感受性を統制しうる場合には、道徳的適正感は高貴・偉大に見える。

8 自分自身の不幸をほとんど感じない人は、他人の不幸に対しても感受性が鈍く、彼らを救おうという気持ちになりにくい。

9 侵害に対して非常に敏感な人は党派争いに参加しない。

10 出来事に対して無関心であることは道徳的適正に対する配慮を消滅させる。

11 快楽・娯楽・享楽に対する我々の感受性の強い方が人々にとって愉快である。

12 快楽・娯楽・享楽に対する強すぎる感受性を道徳的適正感によって抑制できない場合、非難されるのは道徳的適正感の弱さである。

13 過大なる自己尊重は自身にとって愉快であるが、他人にとって不愉快である。

14 友人が上位に位置すると、我々自身の自己尊重は屈辱を感じる。

15 友人が第三者の下位に甘んじていると、我々は友人の臆病さを軽蔑する。

16　友人が第三者の上位に位置するようになると、我々の心を慰める。
17　上級の芸術家は理想的完全型と比較し自作品を不完全である、下級の芸術家は低級の芸術家の作品と比較し自作品を完全であるとを感じている。

# 自負心・虚栄心は悪徳である

第三篇「自己統制について」③

## 自負心 vs. 虚栄心

自負心・虚栄心は悪徳であり、嫌われている。自負心・虚栄心はしばしば同一の性格の中に混在し、我々は、虚栄心に伴う皮相で生意気な自慢が、自負心に伴う悪性の、また人を愚弄するような高慢と一緒になっているのを見る。我々は自負心・虚栄心をもつ故に非難される人々の地位を一般に尋常の水準よりも下位に置いている。

(1) 自負心

自負心は、第一に重苦しく、陰気な、激烈な情感である、第二に大体において相当程度の非難の意味を含んでいる、第三により真面目な心の持主ならば決して考えなかったにちがいない諸事業に従事させる上で必要であった、第四にひとたび成功すると、知らず知らずのうちについ狂気・愚昧と紙一重の虚栄に陥ってしまう、第五に優位性が現実に存する場合には、誠実、高潔、高等の名誉感、不屈な勇気と決断というような多くの尊敬すべき美徳を伴っている、第六に成功が世間から非常な好感をもって迎えられたならば、不遜な自負心を抱かせ、それは向こう見ずな、破滅的な冒険に身を陥れさせる。

(2) 虚栄心

スミスは「虚栄心はいまだそれだけの栄光に価いしない前に、早熟的にそのような栄光を奪いとろうとする一種の試みにすぎない場合が非常に多い。」(訳書五三九頁)と述べている。虚栄心は、第一に根拠がないにもかかわらず、威勢のいい、陽気な、温和な情感である、第二につねに相当程度の非難の意味を含んでいる、第三に人間愛、丁寧、どんな瑣細な事柄でも世話を焼こうとする欲望、重大な事柄における真の寛容などのような多くの愛すべき美徳を伴う。

## 自負心の強い人間 vs. 虚栄心の強い人間

スミスは「自負心の強い人間や虚栄心の強い人間に対する嫌悪から、われわれはしばしばそのような人間をかれらの適正なる地位以上に置こうとするよりもむしろそれ以下に置こうとする傾向を有するけれども、しかし何か特別の、しかし自分の身の上に関係のある無作法のために憤激を感ずるのでなければ、われわれはあえてかれらを虐待しようとする気には滅多になれないものである。」（訳書五四四頁）と述べている。第一に自負心の強い人間と虚栄心の強い人間はつねに不満を感じている、第二に自負心の強い人間はしばしば虚栄心の強い人間であり、逆に虚栄心の強い人間はしばしば自負心の強い人間である、第三に自負心の強い人間と虚栄心の強い人間の真の価値を、一般水準と比較すると、自負心の強い人間・虚栄心の強い人間の水準は一般水準よりもはるか上位に位置している。

## 自負心の強い人間の特徴

我々は、自負心の強い人間の愚昧を責めることはできない。自負心の強い人間は次のような人である。

(1)　誠実であり、心の底から自分自身の優秀性を確信している。

(2) 自ら正しいと考えるところのものしか要求しない。

(3) 評価を得るために説得することをいさぎよしとしない。

(4) 自分の真価よりもはるかに高く自己を評価し、他人がそれよりもなお一層高く評価してくれるように希望する。

(5) 他人に自分の優秀性を強いて感じさせることによるよりも、むしろ他人に他人自身の卑劣さを感じさせることによって、自分の見せかけの立場を維持しようとする。

(6) 他人をして自身に対する評価をさせることよりも、むしろ他人の自己評価に屈辱を感じさせることを希望している。

(7) 自分の尊厳を自覚しているので、細心の注意を払って自己の独立性を護ろうとする。

(8) すこしでも無駄遣いしないようにする。

(9) 虚栄心の強い人間の金遣いの荒さに腹立たしさを感じる。

(10) 自分の尊大な要求を撤回することができず、同僚と一緒にいるときは、つねに必ずしも気安さを感じるとは限らない。目上の人と一緒にいるときは、なおさら気安さを感じにくく、ほとんど尊敬していないより目下と交際するようになる。

(11) 自分の目下の者、自分への追従者、従属者と交際するが、そのような交際は愉快なわけではない。

(12) 滅多に自分の目上の者を訪問しない。あるいは、もし訪問するとしても、それはそのような仲間に加わって生活する資格を得たことを示すためである。
⒀　決して追従しない。
⒁　自分を正しいものにするために身を屈してまで下劣な嘘言を吐こうとすることはない。
⒂　自負心の強い人間が嘘言を吐けば、その嘘言は決して罪のないものではない。その嘘言は、すべて有害で、他人を引き下げようとするものである。
⒃　他人に与えられた不当の優位性に対して憤激を覚え、そのような人々を悪意と嫉妬をもって眺める。
⒄　他人にとって不利な噂が流布している場合、そのような噂を、しかもときおりある程度まで誇張さえして、繰り返すことを好む。
⒅　身を屈して嘘を言う場合には、その嘘は悪意のある嘘である。
⒆　自分に満足しているので、自分の性格が修正を要するとは考えない。
⒇　他の人々の占めている不正な優位性に対する憤激の情に苦しめられる。

## 虚栄心の強い人間の特徴

スミスは「かれ（虚栄心の強い人間――引用者注）はその人生の出発点においてわずか数年の間このような愚かな欺瞞を支持するために、しばしば人生の終局点に先立つ長い期間にわたって、自ら貧困人である。

と悲惨とに陥る場合が非常に多い。」（訳書五三三頁）と述べている。虚栄心の強い人間は次のような

(1) 他人から高く評価してもらいたいと希望し、それと同時に真価よりもはるかに高く自己を評価する。

(2) 誠実味がなく、心の底では、自分自身の優秀性を確信していない。

(3) 他人に対して、自分自身を眺めることができる色眼鏡よりも、もっとすばらしい色彩をもった色眼鏡を通して自分自身を眺めてもらうことを期待する。

(4) 全然もっていないといってもまったく差し支えない性質や業績を、当然もっているかのように嘘言を吐く。

(5) 最も熱心に精を出して、他人の評価を獲るように努力する。

(6) 追従してもらうために追従する。

(7) 高貴な身分や巨大な財産に対していかに尊敬が払われたかをよく知っており、そのような尊敬を自ら僭取しようとする。

(8) 自分の目上の者と交際するとある種の威光を反射してくれると考え、目上の者と交際しようとする。

(9) 社交界の人々、世論を支配すると思われる人々、才気縦横の人々、学者・名士と交際しようと

する。

⑽　世間の好意というきわめて不確実な潮流が、たまたま何らかの点において、彼の最良の友人に逆らって流れているように見える場合には、つねにそのような友人との交流を避ける。

⑾　不必要な自慢、根拠のない虚勢、不断の付和雷同、頻繁なる追従などを手段として常用している。

⑿　虚栄心の強い人間の吐く嘘言は、他人を引き下げるためではなくて、自分を引き上げるための罪のない嘘言である。

⒀　虚栄心の強い人間の吐く最も悪い嘘言は、悪意のない嘘である。

⒁　他人から尊敬あるいは賛美してもらいたいという欲望をもっている。

⒂　自分の根拠のない勿体ぶりが馬脚を露わした場合に伴うであろうと予想される恥辱をたえず恐れている。

⒃　これ見よがしに激しく感動することによって「ご機嫌が悪いぞ」ということを見せびらかせる。

**ポイント**

1　自負心は、より真面目な心の持主ならば決して考えなかったにちがいない諸事業を行うのに必要である。

2 不遜な自負心は、向こう見ずな、破滅的な冒険に身を陥れさせる。
3 自負心・虚栄心はしばしば同一の性格の中に混在している。
4 自負心の強い人は評価を得るために説得することをいさぎよしとしない。
5 自負心は重苦しく、陰気な、激烈な情感である。
6 自負心の強い人は虚栄心の強い人の金遣いの荒さに腹立たしさを感じる。
7 自負心の強い人は尊敬していないより目下の人と交際する。
8 自負心の強い人の嘘言は有害で、他人を引き下げようとするものである。
9 自負心の強い人は、他人に与えられた不当の優位性に対して憤激を覚え、他人に不利な噂の流布を喜ぶ。
10 優位性が現実に存する場合には、自負心は尊敬すべき美徳を伴っている。
11 虚栄心は威勢のいい、陽気な、温和な情感である。
12 虚栄心の強い人は自身の優秀性を確信していない。
13 虚栄心の強い人は追従してもらうために追従する。
14 虚栄心の強い、意志の弱い人は激しく感動する。
15 虚栄心の強い人は、不必要な自慢、根拠のない虚勢などを常用している。
16 虚栄心の強い人は目上の者と交際しようとする。
17 虚栄心の強い人の嘘言は悪意のない嘘である。

18　虚栄心は愛すべき美徳を伴っている。
19　自負心・虚栄心をもつ故に非難される人の地位は一般水準よりも下位に置かれている。

# 世の中で愉快に生活するためには

第三篇「自己統制について」④

## 「幸運 vs. 不運」と自負心

（1）幸運と自負心
人々が成功しているときは、公平無私なる見物人は、成功によって眼を遮られ、成功者に征服され、圧迫される。つまり、成功者の計画における大きな軽挙ばかりでなく、しばしば大きな不正さえも見えなくなる。公平無私なる見物人は、成功者の性格の欠点を非難するどころか、かえってしばしば熱烈なる感嘆の眼をもって眺めようとする。

（2） 不運と自負心

人々が失敗しているときは、公平無私なる見物人は、失敗者のかつての英雄的な大度（度量が大きいこと）をいまや途方もない軽率ないし愚昧とみなすようになる。

### 謙遜 vs. 威張る

空威張りする人間は、決してほんとうではない自分自身の乱暴に関する多くの物語を話して、より怖るべきものにしている。これに関して、スミスは「何らかの点であまりに謙遜しすぎるよりも、むしろいくらか威張りすぎることの方がましのようである。」（訳書五四五頁）と述べている。

### 臆病者

スミスは「臆病の性格ほど軽蔑すべき性格は他にはない。」（訳書五一三頁）と述べている。臆病の源泉は、普通には怠惰であり、ときには人の良さであり、反抗・混雑・懇願に対する嫌悪であり、見当違いの大度であるが、臆病は遺憾と後悔を伴うのが普通である。

## 嫉妬は嫌悪すべき情感

嫉妬は忌まわしい嫌悪すべき情感であり、スミスは、嫉妬を「人々の有する優位性に対して、それらの人々が実際にあらゆるそうした優位性をもつ資格があるにかかわらず、非常な悪意に満ちた嫌悪の情をもってそれを眺めようとする情感」（訳書五一三頁）と定義している。

## 世の中で愉快に生活するためには――生命、財産、尊厳、社会的地位

スミスは「世の中で愉快に生活するためには、あらゆる場合において、自分の生命または自分の財産を護ることが必要であると同様に、自己の尊厳と社会的地位とを護ることもまた必要である。」（訳書五一三頁）と述べている。世の中で愉快に生活するためには、生命、財産、尊厳、社会的地位を守ることが必要である。

## 苦痛に耐えることができる人 vs. 苦痛に耐えることができない人

スミスは「瑣細な侵害を受けたり、あるいは日常人生において起こり勝ちな小さな災難を蒙ったりしても心の平静を取り乱さず、世の中を悩ましている自然的害悪ならびに道徳的害悪の真只中にあっても、そのような害悪を勘定にいれて、それら両種の害悪から少しばかり苦しめられてもそれに満足しているような落ち着いた気質は、その人自身にとっても幸福であり、またあらゆるその人の友人に対しても気安さと安全感とを与えるものである。」（訳書五一四頁）と述べている。苦痛に耐えることができる人は尊敬されるが、苦痛に耐えることができない人は尊敬されない。あらゆる瑣細な災厄に対して非常に鋭敏な人は、自己にとってはみじめなものであり、他人にとっては不愉快である。

## 戦争体験のある人 vs. 戦争体験のない人

スミスは「たしかに戦争と内乱とは、あらゆる人間のうちにこのような鞏固なしっかりした気質を植えつけるための最善の道場ではあるが、またそれはあらゆる人間におけるそれとは反対の弱さを治す最上の治療法であるが、しかしその人間が自分の教科目を完全に習得しない前に、すなわち治療法がその適切なる効能をあらわすだけの時間的余裕が与えられない前に、たまたま試練の日がやって来たとするならば、その結果はおそらく決して気持ちのいいものではないであろう。」（訳書五一六頁）

と述べている。戦争・内乱は避けたいものであるが、戦争体験のある人は戦争体験のない人よりも強固なしっかりした気質を備えている。

## ぺてん師は一般大衆に容易につけ込む

スミスは「最も無智な法螺吹きやぺてん師が往々にして、しかもしばしば驚くべき成功をとげる事実は、いかに一般大衆というものが、最も突飛な、しかも根拠のない虚勢のためにいかに容易につけ込まれるものであるか、ということを立証するに充分である。」（訳書五二三頁）と述べている。つまり、以下のような場合、冷静な判断を下す人でさえ、一般大衆の感嘆に巻き込まれ、ぺてん師につけ込まれる。

(1)　虚勢が非常に高い程度の真実にして、しかも充実した功績によって支持される場合
(2)　見栄を張って飾ることのできるあらゆる華やかさをもって誇示される場合
(3)　高い身分とか偉大な権力によって裏付けられる場合
(4)　成功裡に発揮されて一般大衆の絶賛を博した場合

## ポイント

1　成功すると、成功者のかつての軽挙・不正は感嘆の眼をもって眺められるようになる。

2　失敗すると、失敗者のかつての英雄的な大度は愚昧とみなされるようになる。

3　臆病は軽蔑すべき性格である。

4　世の中で愉快に生活するためには生命、財産、尊厳、社会的地位が必要である。

5　苦痛に耐えることができる人は尊敬されるが、耐えることができない人は尊敬されない。

6　瑣細な災厄に対して鋭敏な人は、自己にとってはみじめであり、他人にとっては不愉快である。

7　嫉妬は忌まわしい嫌悪すべき情感である。

8　戦争・内乱はしっかりした気質を植えつけるための最善の道場である。

# 教育は虚栄心を指導して適正なる目標に向かわせる

第三篇「自己統制について」⑤

## 成功・権威を獲得するためには過度の自己称賛が必要

偉人達に親しく接して、その人物を充分に知り尽くした賢人達は、偉人達の過度の自己称賛を充分理解する。スミスは「この世における偉大なる成功、人類の情操や意見を支配する偉大なる権威は、ある程度までこうした過度の自己嘆賞を持たないでは、滅多にこれを獲得することはできなかったのである。」（訳書五二四頁）と述べ、偉大な成功、偉大な権威を獲得するためには、過度の自己称賛が必要であると論じている。

「最もすばらしい性格、最も輝かしい行為をした人」「人類の環境ならびに意見の双方において最も偉大なる革命をもたらした人」「最大の成功を収めた勇士」「最も偉大な政治家ならびに立法者」「最も多数の党員を有する最も成功せる政党政派の弁舌のすぐれた創始者ないし指導者」は、自らの偉大な功績そのもののために有名になったというよりも、むしろそのような偉大な功績そのものにとってさえまったく釣り合いのとれないくらいの程度の自負心と自己称賛のために有名になったのである。

## 「成功に対する感嘆」と「富・権勢に対する尊敬」

「成功に対する感嘆」と「富・権勢に対する尊敬」はともに社会における身分の区別や秩序を確立する上にひとしく必要不可欠である。成功を賛美することによって、我々は人事の自然の成り行きから、我々に支配者として割り当てられた人々（上司など）に一層容易に服従するようになる。

## 正しい節度ある美徳をもつ人 vs. 過度の自己評価をする人

過度の自己評価をする人は、自分の虚栄心や自負心を心から尊敬しているようなふりをしている追従者を信頼する。順境にあるときは、大衆は過度の自己評価をする人を正しい節度ある美徳をもつ人より称賛するかも知れないが、万事が公平に計算されたあかつきには、正しい節度ある美徳をもつ人は過度の自己評価をする人より称賛される。

（1） 賢明な人々の評価

賢明な人々は、過度の自己評価をする人を賛美しない。賢明な人々の、過度の自己評価をする人に対する、厳粛な、正しい評価は、過度の自己評価をする人の途方もない自己評価には到底及ばないので、過度の自己評価をする人は賢明な人々の評価を単なる悪意ないし嫉妬としか考えない。

（2）　最良の友人の評価

過度の自己評価をする人に対する、最良の友人の評価は過度の自己評価をする人の途方もない自己評価には到底及ばないので、過度の自己評価をする人は友人に対して猜疑心を抱く。過度の自己評価をする人は、それらの友人と交際することが不愉快になり、それらの友人を自分の面前から追い払う。また、友人の奉仕に報いるに忘恩をもってするばかりでなく、残虐と不正をもってする。

## 一人の賢明な人の是認 vs. 一万人の無智な賛美者の拍手喝采

スミスは「真に賢明なる人にとっては、たった一人の賢明な人間が思慮深く、充分比較考量した結果与えてくれる是認の方が、一万人もの無智な、しかし熱狂的な讃美者が贈ってくれるあらゆる騒々しい拍手喝采よりも、はるかに心からの満足を与えるものである。」（訳書五二九頁）と述べている。つまり、一人の賢明な人による是認は、一万人の無智な、しかし熱狂的な賛美者の拍手喝采よりも満足度が高い。

## 賢明な人は自らの功績以外のいかなる功績も自身の手柄にしない人を賛美する

自らの功績以外のいかなる功績も自身の手柄にしない人、つまり自分自身の性格のもつ純粋な真実性と確実性に自ら満足し、安心している人は、いかなる屈辱にもためらわず、いかなる発覚も恐れない。そのような人物を賛美する人々の数は多くはないが、賢明な人はそのような人物を最も賛美する。

## 過度の自己評価に対する同情

我々は、第一に世間の標準以上の偉大な、卓越した優秀性を備えているように見える性格の過度の自己評価に対しては同情する、第二に世間の標準以上の偉大な、卓越した優秀性を備えているように見えない性格の過度の自己評価に対しては同情しない、第三に世間の標準以上の偉大な、卓越した優秀性を備えているように見えない性格の過度の自己評価に対しては、不快を感じる。

## 教育は虚栄心を指導して適正なる目標に向かわせる

スミスは「教育の偉大なる秘密は虚栄心を指導して適正なる目標に向かわせることにある。そのような人間に対しては、決してくだらぬ業績について自己を高く評価させてはならない。しかしながら、常に真に重要性をもつ業績に対するかれの自惚れをくじいて失望させてはならない。」（訳書五三九～五四〇頁）と述べている。つまり、教育は、真に重要性をもつ業績をあげたい欲望を激励し、そのような業績を獲得する上で助けとなるあらゆる手段を与えなければならない。

## 普通の水準よりも優れた功績を有する人々

普通の水準よりもはるかに優れた功績を有する人々は、自分を実際以上に評価するとともに、実際以下にも評価する。そのような人々は大して威厳が備わっているとはいえないが、そのような人々と私的な交際を続けても絶対に不愉快を覚えない。

## 不満足な青年時代を送った人間は不満足な老年時代を迎える

スミスは「青年時代あまりにおとなしすぎ、またあまりに野心のなさすぎる人間は、しばしば味気ない、不平満々たる、不満足な老年時代を迎えるものである。」（訳書五四二頁）と述べている。

## 不幸な人々の卑屈な性格

スミスは「自然が普通の水準よりもはるかに下位に立つようにこしらえた不幸な人々は、しばしばかれらが実際にそうであるよりもなお一層下位に自分を置くように思われる。このような卑屈な性格のために、かれらは時によると白痴に陥ることさえめずらしくないように思われる。」（訳書五四二頁）と述べている。

**ポイント**

1 成功に対する感嘆は社会における秩序を確立するのに必要不可欠である。
2 正しい節度ある美徳をもつ人は過度の自己評価をする人より称賛される。
3 自らの功績以外のいかなる功績も自身の手柄にしない人はいかなる屈辱にもためらわない。
4 過度の自己評価をする人は賢者・友人に賛美されず、自らの虚栄心を尊敬しているようなふりをしている追従者を信頼する。
5 教育は虚栄心を指導して適正なる目標に向かわせることである。
6 青年時代あまりに野心のなさすぎる人は不満足な老年時代を迎える。
7 不幸な人々の性格は卑屈である。

8　あまりに謙遜しすぎるよりは、いくらか威張りすぎることの方がましである。
9　愚かな拍手喝采の騒々しさは理解力を混乱させる。
10　偉大な成功、偉大な権威を獲得するためには過度の自己称賛が必要である。

# 「慎慮」「正義」「仁恵」は三つの美徳

第六部結論

## 幸福と三つの美徳――「慎慮」「正義」「仁恵」

「慎慮」「正義」「仁恵」は三つの美徳と呼ばれている。第一に我々自身の幸福に対する配慮は我々に「慎慮」の美徳を推薦する、第二に「慎慮」は我々の利己的情操によって我々に推薦される、第三に他の人々の幸福に対する配慮は我々に「正義」「仁恵」の美徳を推薦する、第四に「正義」は我々を抑制して、他人の幸福を侵害しないようにさせる、第五に「仁恵」は我々を鼓舞して、他人の幸福を促進するようにさせる。

## 情感の「抑制 vs. 鎮圧」

情感は、道徳的不適正感によるよりも、悪い結果に対する慎重な考慮によって抑制される。しかし、そのような場合、情感は抑制されるけれども、つねに必ずしも鎮圧されるとは限らない。慎重な考慮だけによって抑制される情感は、しばしば抑制されるためにかえって激化し、ときによると、以前の一〇倍もの激烈さと狂暴性をもって爆発することがある。道徳的適正感によって抑制される情感は、すべてある程度まで緩和され、征服される。

### ポイント

1 我々自身の幸福に対する配慮は「慎慮」が、他の人々の幸福に対する配慮は「正義」「仁恵」が推薦される。
2 憤怒が恐怖心によって抑制されている人は、憤怒の発散をもっと安全な機会に保留しているにすぎない。
3 慎重な考慮だけによって抑制される情感は以前の一〇倍もの激烈さと狂暴性をもも

って爆発することがある。

# あとがき

## 『道徳情操論』から「金融経済×道徳」へ

本書は、アダム・スミス『道徳情操論』の内容を人生哲学・生活指針（人と仲良くする極意）の本として紹介するものであるが、金融経済学者としての私は「金融経済×道徳」を研究・教育の最終ゴールにしたいと思っている。

一九五三年生まれの私の一回目の二十歳は高度経済成長期、二回目の二十歳は安定成長期、三回目の二十歳は「失われた二〇年」と呼ばれている低成長期である。私の大学生時代は高度経済成長期末期・終焉であり、経済のダイナミズムから経済学を好きになり、金融経済学者になった。しかし、金融経済論を研究・教育する中で、金融の変容に失望し、日本の金融経済を復興・前進させるためには、日本人を再生させるための協同組合精神である「共助」、アダム・スミスのいう「同情」「共感」、アルフレッド・マーシャルのいう「道徳」が肝要であると確信するようになり、「金融経済×道徳」を私の研究・教育の最終ゴールにしたいと思うようになった。

## 最終ゴールが「金融経済×道徳」になった研究歴

経済学はアダム・スミスの時代は「道徳科学（モラル・サイエンス）」の一科目であった。私は単著四八冊公刊しているが、金融経済学者としての私の最終ゴールが「道徳経済」になった研究歴は以下の四つである。本書が四九冊目となり、いずれ五〇冊目として「金融経済×道徳」を刊行したいと願っている。

（1）幻の『道徳経済』

二〇〇八年九月のリーマン・ショックを受けて、私は『資本主義はどこへ行くのか　新しい経済学の提唱』（PHP研究所、二〇〇九年二月）を公刊した。私は「市場原理主義 vs. 道徳経済」の対立軸から「道徳経済」を提唱し、書名を『道徳経済』にしようとしたが、出版社から日本人には「道徳」は受けが良くないと言われ、『資本主義はどこへ行くのか　新しい経済学の提唱』になった。書名は『資本主義はどこへ行くのか　道徳経済の提唱』としたかった。

（2）懺悔の書、転換の書、決意表明の書：「共助」

国際協同組合年（二〇一二年）に、私は『大学生協のアイデンティティと役割――協同組合精神が日本を救う』（日本経済評論社、二〇一二年七月）を公刊し、その中で「本書は金融経済学者としての懺悔の書、転換の書、決意表明の書」という小見出しのもとで、「私が金融経済論を学び始めたのは山崎豊子の小説『華麗なる一族』（一九七〇年三月から一九七二年一〇月まで連載された、神戸銀行をモデルにした小説）の時代であり、そこでは金融が実体経済の原動力であり、金融のダイナミズムがとても好きであった。しかし、神戸大学経済学部で金融経済論を教え始めるようになってからは、金融は批判の対象になるばかりで、日本経済がどんどん衰退していく中での市場の暴走を目にしたときに、それは金融の暴走であり、金融の混乱が実物経済を駄目にしてしまったのではないかという自責の念ばかりである。私はすっかり金融嫌いになってしまったが、金融経済学者としての懺悔の念をいだきながら、『なんとかして日本経済を再生しなくてはならない』という前向きの気持ちにならせてくれたのが『協同組合精神』であり、自助、公助のいずれでもない第三の道の担い手になって欲しい協同組合主義であった。」（一四九頁）と述べた。協同組合主義（共助）はアダム・スミス『道徳情操論』の「同情」「共感」に通じるものである。

（3）アルフレッド・マーシャルの「道徳」

私はケインズ経済学者の一人であり、『ケインズ経済学を読む――『貨幣改革論』『貨幣論』『雇用・利子および貨幣の一般理論』』（ミネルヴァ書房、二〇〇八年三月）『図解雑学　ケインズ経済学』（ナツメ社、二〇一〇年一一月）などを刊行している。J・M・ケインズは古典派経済学者のボスであった恩師A・マーシャルと対立し、ケインズ経済学を打ち立てたが、マーシャル夫妻（A・マーシャルとM・P・マーシャル）の『産業経済学』は、労働生産性の決定要因として「肉体的頑健さと活力」「知識と精神的能力」「道徳的資質」の三つを挙げている。一人の労働者がどれだけ多く生産できるのかを決定する要因として、体力、知力のみならず道徳を挙げているのである。神戸大学を退職する直前に、恩師・故矢尾次郎先生から宿題として残されていたマーシャルの著作の一つ『産業経済学』を読み、その中で「道徳」が重要視されていることはきわめて新鮮であった。A・マーシャルはアダム・スミスの「道徳」を受け継いでいる。

（4）『アベノミクスと道徳経済』

神戸大学を退職する直前は神戸大学経済経営研究所教授を兼任していたので、研究叢書を執筆する権利があった。かつて出版社から日本人には「道徳」は受けが良くないと言われていたこともあったので、神戸大学在職最後の研究書として、非売品の研究叢書『アベノミクスと道徳経済』（二〇一五年三月）を刊行させていただき、念願の「道徳経済」を書名の中に入れることができた。私は同書「はしがき」の中で「私はアベノミクスを一〇〇％支持している。アベノミクスにより、日本経済は必ずや再生すると確信している。しかし、日本経済を大躍進させるためには『アベノミクス×道徳経済』、つまりアベノミクスと道徳経済がともに必要不可欠である。日本経済を大躍進させるためには、日本経済の復活と、日本人の再生（道徳向上）が必要である。アベノミクスだけでは（道徳経済がゼロ）、道徳経済だけ（アベノミクスがゼロ）では、日本経済の大躍進はない。」（iii頁）と述べ、日本経済の大躍進には日本人の再生（道徳向上）が必要であると論じた。

## 謝辞

私事ではあるが、二〇二一年一二月三日午前九時二〇分、本書を完成したその日に、同居していたやさしい母「滝川さかゑ」（法名「釋妙栄（しゃくみょうえい）」）が享年九五歳で逝去した。私に道徳（「人の道」）を教えてくれた母が亡くなった日に、本書『アダム・スミス「道徳情操論」を読む、人間を学ぶ。』を書き終えたのは何の偶然であろうか。本書を無限の愛情で私を大事に育ててくれた母の墓前に供えたいと思う。

出版事情がきわめて厳しい中で、アダム・スミス『道徳情操論』を人生哲学・生活指針の本として紹介する本書を刊行することができたことはミネルヴァ書房編集部の堀川健太郎氏と冨士一馬氏のご尽力によるものであり、ここに記して感謝の意を表したい。

二〇二一年一二月三日

関西外国語大学教授・放送大学客員教授・神戸大学名誉教授　滝川好夫

# 索　引

## あ 行



## か 行

## さ　行

## た　行

## な　行

## は　行



## ま　行

## や　行



## ら　行



## わ　行

《著者紹介》

滝川好夫（たきがわ・よしお）

1953年　生まれ。

1978年　神戸大学大学院経済学研究科博士前期課程修了。

2015年　経済学博士（神戸大学）。

現　在　関西外国語大学英語キャリア学部教授、神戸大学名誉教授。

主　著　『金融に強くなる日経新聞の読み方』PHP 研究所、2001年。

『経済記事の要点がスラスラ読める「経済図表・用語」早わかり』PHP 文庫、2002年。

『ファイナンス理論【入門】』PHP 研究所、2005年。

『ケインズ経済学を読む――『貨幣改革論』『貨幣論』『雇用・利子および貨幣の一般理論』』ミネルヴァ書房、2008年。

『資本主義はどこへ行くのか　新しい経済学の提唱』PHP 研究所、2009年。

『サブプライム危機――市場と政府はなぜ誤ったのか』ミネルヴァ書房、2010年。

『図解雑学　ケインズ経済学』ナツメ社、2010年。

『企業組織とコーポレート・ファイナンス』ミネルヴァ書房、2011年。

『信用金庫のアイデンティティと役割』千倉書房、2014年。

『マンガでわかる統計学入門』新星社、2015年。

『平成から令和へ　どうなる経済・政治・社会』税務経理協会、2020年。

『マンガでわかるミクロ経済学』新星社、2021年。


アダム・スミスを読む、人間を学ぶ。

――いまを生き抜くための『道徳情操論』のエッセンス――

2022年８月30日　初版第１刷発行　〈検印省略〉

定価はカバーに
表示しています

著　者　滝　川　好　夫
発行者　杉　田　啓　三
印刷者　中　村　勝　弘

発行所　株式会社　ミネルヴァ書房
607-8494 京都市山科区日ノ岡堤谷町１
電話代表（075）581-5191
振替口座 01020-0-8076


中村印刷・新生製本

ISBN978-4-623-09461-5
Printed in Japan